老子想爾注校證

饒宗頤 著

中華書局

□ 責任編輯：熊玉霜
□ 裝幀設計：高　林
□ 排　　版：張　盛
□ 印　　務：林佳年

老子想爾注校證

□
著者
饒宗頤

□
出版
中華書局（香港）有限公司
香港北角英皇道 499 號北角工業大廈一樓 B
電話：（852）2137 2338　傳真：（852）2713 8202
電子郵件：info@chunghwabook.com.hk
網址：http://www.chunghwabook.com.hk

□
發行
香港聯合書刊物流有限公司
香港新界荃灣德士古道 220-248 號
荃灣工業中心 16 樓
電話：（852）2150 2100　傳真：（852）2407 3062
電子郵件：info@suplogistics.com.hk

□
印刷
美雅印刷製本有限公司
香港觀塘榮業街 6 號 海濱工業大廈 4 樓 A 室

□
版次
2015 年 11 月初版
2022 年 10 月第 2 次印刷

□
規格
32 開（210 mm × 153 mm）

□
ISBN：978-988-8366-33-0

本書據上海古籍出版社一九九一年版《老子想爾注校證》整理，部分內容參考 TONG NAM PRINTERS & PUBLISHERS 一九五六年版《老子想爾注校箋》釐訂。

目錄

老子想爾注校箋

附篇

圖版目錄

作者像

僞未核實病人毀知其邪文見得實故使復甚
之詐爲仁義然不相及也世人察之不審故絕之
勿貴民悉自復慈孝矣此義平許傷夫心矣、曰
勝與道合矣人君深當明之也絕巧棄利盜賊
无有耶巧也利所得財寶也世不用之盜賊不
劍也此三言爲文未足故令有所屬見素抱樸
三耶天下大醜之流故演載之德文復不足行
素不勝矣變故令屬此道文不在外書也樸悅
夏大略可知之爲亂原少私寡欲道之所說乃私
少欲於世俗耳絕學无憂唯之與何相去幾何
未知者復懷閉之絕耶學道與之何耶與道相
去近遠絕耶學獨守道〻必與之耶道與耶學
甚遠道生耶死〻屬地生屬天故極遠矣之與阿
相去何若未知者復懷閉之敢知美惡相去近
遠何如道與耶學近遠也今等可美善也生
故屬天死故屬地也人之所畏不可不畏莫其
未央道設生以賞善設死以威惡死是人之所
畏也仙王士與俗人同知畏死樂生但所行異耳
俗人莽〻未央脫死也俗人雖畏死端不信道好
爲惡事奈何未央脫死乎仙士畏死信道守誡
故與生合也衆人熙〻若享太牢若春登臺
衆俗之人不信道樂爲惡事若飲食之春登
高臺也我魄未兆若嬰兒未孩勳无所歸我

老子道經想爾注殘卷（一）

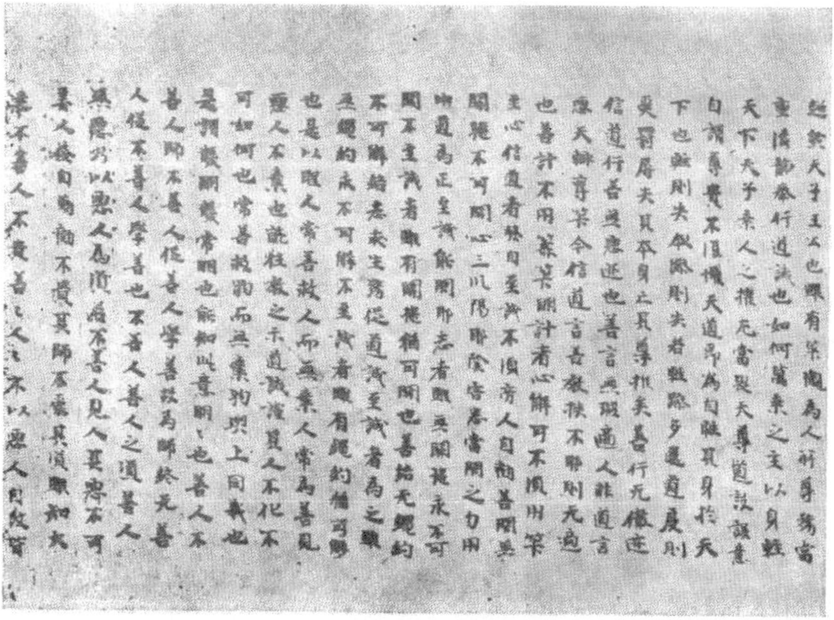

老子道經想爾注殘卷（二）

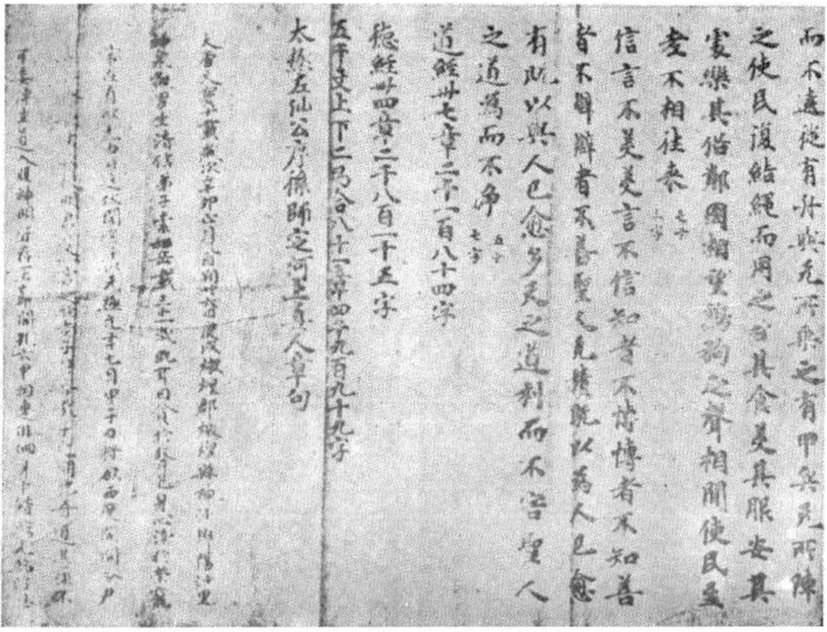

唐天寶十載係師定本道德經寫卷

天下皆知美之為美斯惡已皆知善之為善
斯不善已有无相生難易相成長短相形高
下相傾音聲相和先後相隨是以聖人治處
无為之事行不言之教萬物作而不為始為
而不恃成功不處夫唯不處是以不去
不上賢使民不爭不貴難得貨使民不盜不
見可欲使心不亂聖人治虛其心實其腹弱
其志強其骨常使民无知无欲使知者不敢
不為則无不治
道沖而用之又不盈淵似萬物之宗挫其銳
解其忿和其光同其塵湛似常存吾不知誰
子象帝之先
天地不仁以萬物為芻狗聖人不仁以百姓
為芻狗天地之間其猶橐籥虛而不屈動而
愈出多聞數窮不如守中
谷神不死是謂玄牝玄牝門天地根綿綿若
存用之不勤
天長地久天地所以能長久者以其不自生
故能長久是以聖人後其身而身先外其身
而身存以其无尸故能成其尸

古鈔道士索洞玄經

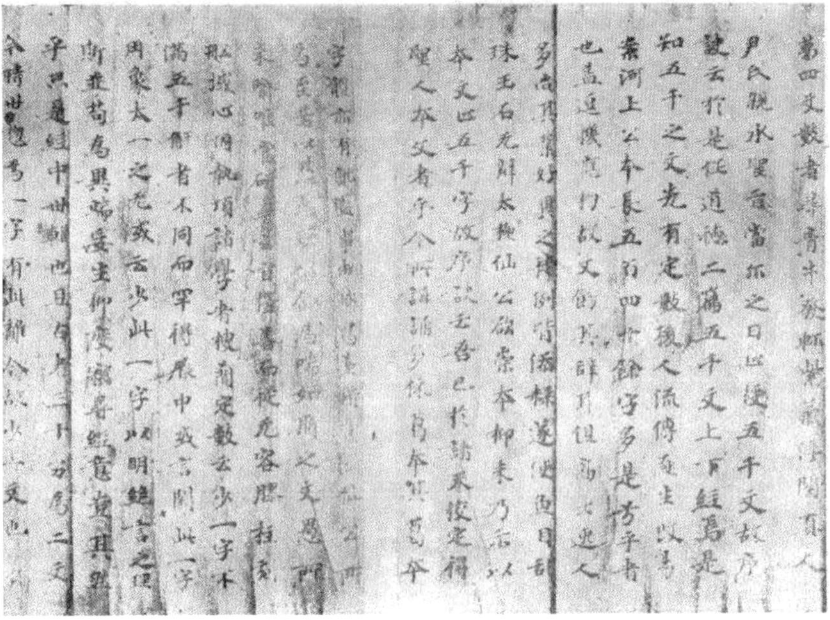

敦煌本成玄英老子開題第四「文數」

老子想爾注校箋

自序

夫三元八會之說，四輔七籤之編，玄哉邈乎，奧不可議。然表詮至理，語託乎紫微；決定了知，義通乎《玉訣》。而歷離日月，雖遠溯于軒轅；象物窈冥，終建言于苦縣。閱眾甫而不去，先天地以自生。是以玄覽之士，知所折衷；方術之流，隨時斟酌。韓非顯《喻》，淮南著《應》。鄰氏抽其墜緒，安丘發其幽宗。中壘祕閣，猶說四篇；季長絳帳，有注成卷；世代悠遠，曠乎莫傳。至若輔嗣折其名數，知凡有皆始于無；河上致其淵微，謂不死在于玄牝。魏氏以來，傳茲二學，譬長夜之逢曉，亦萬派所朝宗焉。降而下之，代有明哲，講論彌精，記述益富，遂盈閣而牣居，同充車而被軫，何其盛哉。緬惟安期受教，事著于史傳；宮崇詣闕，語雜于巫覡。謂太平其可致，《青領》成書；豈漢運之將終，黃巾發難。丁三百五十年之厄，為一百七十卷之文，大順陰陽，用弭災異。乃有鶴鳴道士，造作鬼教。著三官之手書，置五斗之義舍；因五千文而都習，設廿四治以登真。敷揚妙義，風行蜀中，翼讚玄言，託遘想爾。闡守一之旨，攜契天人，勸長生之方，先挫忿怒。本無為以去惡，立道教之元胎。係師定本，語助從刪，仙士可期，安平大樂。珠囊懸解，傳三洞之複文；真蹟宗門，著卅輻之減字。惜乎時有夷隆，道有顯晦。重以五季喪亂，祕軸揚灰，元憲焚經，玄都一炬；遂使丹訣惟《北斗》之可徵，《黃書》共西日而偕沒。神隱子諒所未收，正統《藏》于焉缺載。鎮南古本，空存其名；「想余」殊稱，靡由審辨。陳篇黮闇，搜考無從，嗜古之徒，蓋其閔矣。清季莫高石窟，祕室啓扃。淹中佚禮，競隨橐駝而西征；《化胡》遺經，亦逐青牛而東指。天寶舊卷，足辨分毫；玄英《開題》，復資發覆。尤喜《想爾》殘注，歷刼猶新；于是正一明威之道，晦而復彰；三天柱下之注，微言弗墜。發南極之奧，眾音貴和；披《呂覽》之篇，與元同氣。頤以庸淺，敢樂虛無。未絕學而生憂，惟周行而不殆。爰以講席閒時，廣事稽覽，短議與寸陰爭晷，駑馬同頹影競馳。稠適上遂，奚以白心，天地將傾，欲問黃繚。循誦此書，良資先覺，遊目棲神，薄有微悟。稍為診發，共數十事，導彼渾灝，等鑿竅于混沌；申其詰屈，肆雌黃于亥豕。蠡測管窺，深慚博練。亦知百里之內，芳草非無；千祀以外，蘭菊未絕。冀微啓于今茲，庶有藉于來哲云爾。丙申清明饒宗頤選堂序于香港大學中文系。

一　解題

敦煌莫高窟所出古寫本典籍，為斯坦因博士攜歸倫敦者，有《老子道經想爾注》殘卷，現藏大英博物院，列斯氏編目六八二五號。卷末題「老子《道經》上」，下注「想爾」二字分行。起「則民不爭」（上缺），迄卷終，凡五百八十行。注與經文連書，字體大小不分，既不別章次，過章又不起行，與其他唐寫本《道德經》款式頗異（孔穎達《禮記正義》稱：「馬融為《周禮注》，欲省學者兩讀，故具載本文。」蓋後漢以來，始就經為注。此書注與經文連寫，猶存東漢晚期注書之式）。

《老子想爾注》，《隋書・經籍志》兩唐《志》均不著錄。唐玄宗御製《道德真經疏外傳》，列古今箋注《道德經》各家：首《節解》上下，云：「老君與尹喜解。」次《想爾》二卷，云：「三天法師張道陵所注。」又次《內解》上下，云：「尹喜以內修之旨解注。」又次河上翁《章句》，云：「漢文帝時，降居陝州河濱。」（《外傳》在正統《道藏》三五八冊洞神部玉訣類）五代杜光庭《道德真經廣義》，敘歷代詮疏箋注六十餘家，其首數種，為：《節解》上下，《內解》上下，《想爾》二卷，河上公《章句》。于《想爾》下云：「三天法師張道陵所注。」與玄宗《外傳》同（亦見宋謝灝《老君實錄》、彭耜《道德真經集注雜說》、董思靖《道德經集解》，俱引杜光庭云「註者有尹喜《內解》、漢張道陵《想爾》、河上公《章句》」）。

道書舊分七部，所謂三洞四輔者也。四輔之首，為太玄部。《想爾注》原列于太玄部中。正統

《道藏》九八九冊正乙部《傳授經戒儀注訣》（下簡稱《注訣》）言道教授經序次，太玄部書，共十卷。茲列前數種如下：

太玄部卷第一　老君大字本《道經》上。
太玄部卷第二　老君大字本《德經》下。
太玄部卷第三　老君《道經》上、《道經》下，河上公《章句》。
太玄部卷第四　老君《德經》上、《德經》下，河上公《章句》。
太玄部卷第五　老君《道經》上，《想爾訓》。
太玄部卷第六　老君《德經》下，《想爾訓》。

自第七卷以下為老君《思神圖注訣》、老君《傳授經戒儀訣》、老君《自然朝儀注訣》，老君《自然齋儀》等。凡右十卷，授經之日，由道士為師者料付之。是《想爾訓》與河上《章句》，同為道教必讀之經典。《注訣》又論經法序次之由云：

昔尹子初受「大字」三篇，《中經》在「太清部」中（按今《道藏》太清部有太上老君《中經》二卷，所以付上下兩卷。漢文精感，真人降迹，得此《章句》，所滯即通。登于金華，友諸天人。隱（按疑即鄭隱思遠，葛洪師之，敦煌本河上《注》葛玄《序訣》後有鄭思遠語）注云：讀河上一章，則徹太上玉京，諸天仙人，叉手稱善。（中略）故次于「大字」。係師得道，化道西蜀，蜀風淺末，未曉深言，託遘想爾，以訓初迴。初迴之倫，多同蜀淺，辭說切近，因為賦道。三品要戒（按指上中下三品），濟眾大航，故次于河上。河上《想爾》，注解已自有殊；「大字」文體，意況亦復有異。皆緣時所須，轉訓成義，舛文同歸，隨分所及。值兼則兼通，值偏則偏解。（中略）究此十卷，自足兼通。（中略）必獲妙果，妙果有期，不假他尋；果期未至，且覽眾篇。至于首引《內解》，別次在後，餘力觀之，幸亦無妨。

由此段文字，可略悉天師道研讀《道德經》所用之課本及其次第。初誦「大字本」，託于尹子（即尹喜），疑即玄宗《經疏外傳》之尹喜《節解》上下；次讀河上《章句》及《想爾注》；又參《內解》，即所謂尹喜以內修之旨解注者。可見《想爾注》在道教經典中之重要性（《真誥》十七記夢各條下云：「又見係師注《老子內解》皆稱臣生稽道，恐此亦可是係師書耳。」則《內解》亦係師所作）。《注訣》謂《想爾訓》為係師所以化道西蜀。係師即張魯也。《真誥》四記張鎮南夜解事，注云：「張係師為鎮南將軍，建安二十一年亡。」《後漢書·劉焉傳》：「張魯，字公旗。初，祖父陵，順帝時，客於蜀，學道鶴鳴山中，造作《符書》以惑百姓。受其道者輒出米五斗，故謂之「米賊」。陵傳子衡，衡傳于魯，魯遂自號師君。魯在漢川垂三十年，建安二十年降曹操，拜鎮南將軍，封閬中侯。」劉大彬《茅山志》九《道山冊》言：「《登真隱訣》，陶隱居云：老子《道德經》，有玄師楊真人（即楊羲）手書張鎮南古本。其所謂五千文者，有五千字也。數係師內經有四千九百九十九字，由來闕一，是作「三十輻」應作「卅輻」，蓋從省易文耳，非正體矣。宗門真蹟不存，今傳五千文為正本，上下二篇不分章。」（道藏百五四冊，洞真部紀傳類）此記係師張魯五千文本，情狀甚詳悉。今敦煌《想爾》殘卷「三十輻」作「卅輻」，不分章，刪減助字〔一〕，與此正合。又卷終題「《道經》上」，亦分上下二篇，並同于《注訣》所記。而卷上終「道常无為」章，都三十七章。復與敦煌天寶十載寫本卷末記：「《道經》卅七章」，「五千文上下二弓（卷）」「係師定」諸語相符〔二〕。綜是以言，此《想爾注》本，即所謂係師張魯之五千文本，斷然無疑。

考陸德明《經典釋文·序錄》，《老子》有《想余注》二卷。下云：「不詳何人，一云張魯，或云劉表。」列于劉遺民《玄譜》之下，似陸氏未見其書。盧文弨《釋文考證》未及此。而侯康、姚振宗、曾樸諸家《後漢藝文志》，俱依《釋文》〉著錄「《想余注》二卷」。按以敦煌寫本證之，字明作「想爾」，與《注訣》合。疑「爾」字或書作「尔」，遂誤為「余」也。至于撰人，陸氏謂一云「張魯」，與《注訣》稱「係師」同；而玄宗杜光庭則云張道陵，當是陵之說而魯述之；或魯所作而託始于陵，要為天師道一家之學。《廣弘明集》中唐釋法琳《辨正論》云：「漢安元年道士張陵分別《黃書》，故注五千文。」則道陵注《老》，彰彰明甚，故茲從玄宗說，題為張陵注云。

《典略》載：「熹平中，張脩為太平道，張角為五斗米道。（中略）施淨室，使病人處其中思過。又使人為姦令祭酒，主以老子五千文，使都習。號姦令為鬼吏，主為病者請禱之法。（中略）後角被誅，修亦亡。及魯自在漢中，因其人信行修業，遂增飾之。」（《後漢書·劉焉傳》章懷《注》及《魏志·張魯傳》裴《注》引。文中「張脩」，裴松之云應是「張衡」，即張陵子）是天師道以五千文設教，不自張魯始。陵初作注，傳衡至魯，而魯更加釐定，故有「係師定本」之目。《注訣》云：「係師得道，化道西蜀，託遘想爾，以訓初迴。」知此《想爾注》，自張魯以來，流行于蜀中。惟注語頗淺鄙，復多異解，輒與《老子》本旨乖違；故李唐以降，黯黮不章；正統《道藏》，竟缺不載，其淪佚者久矣。

今此殘卷，賴石窟之保存，得重顯于世。卷中「民」字不避諱，故向來定為六朝寫本〔三〕。其書每提及太平符瑞，多合于《太平經》經義，不特東漢老學神仙家一派之說，可略覩其端倪，尤為道教原始思想增一重要資料，對于道教史貢獻至鉅，不可謂非學術上之鴻寶也。

〔一〕關于《道德經》本刪滅助字問題，另參敦煌所出寫本成玄英《老子開題》第四「文數」。

〔二〕天寶十載寫本，刊于《敦煌祕籍留真新編》下冊，影片見本書附圖。

〔三〕見《北京大學五十週年紀念敦煌考古工作展覽概要》頁三六。按以字體定之，當為北朝人所書，詳《別字記》。

二 錄注

原卷經文與注連寫，尋覽不易；茲分別錄出，并依河上本次第，分注章數，以便觀省。惟誤奪頗多，句讀尤難，間有別字，並為注明，其所未寤，則仍其舊。

（上缺）則民不爭亦不盜。

不見可欲，使心不亂。

……不欲視之，比如不見，勿令心動。若動，自誡；□□，道去復還。心亂遂之，道去之矣。

聖人治：靈〔虛〕其心，實其腹，

心者，規也，中有吉凶善惡。腹者，道囊，氣常欲實。心為凶惡，道去囊空；空者耶（邪，下同）入，便煞人。虛去心中凶惡，道來歸之，腹則實矣。

弱其志，彊其骨，

志隨心有善惡，骨隨腹仰。氣彊志為惡，氣去骨枯；弱其惡志，氣歸髓滿。

常使民无知无欲；

道絕不行，耶文滋起，貨賂為生，民競貪學之，身隨危傾。當禁之，勿知耶文，勿貪寶貨，國則易治。上之化下，猶風之靡草。欲如此，上要當知信道。

使知者不敢不為；

上信道不勸（倦），多知之士，雖有耶心，猶誌是非，見上懃〻（表示重複上一字），亦不敢不為也。

則无不治。

如此，國以治也。

——以上河上本第三章——

道沖而用之又不盈；

道貴中和，當中和行之；志意不可盈溢，違道誡。

渕（淵）似萬物之宗。

道也。人行道，不違誡，渕深似道。

挫其銳，解其忩（忿）；

銳者，心方欲啚（圖）悪（惡）；忩者，怒也，皆非道所喜。心欲為惡，挫還之；怒欲發，寬解之，勿使五藏忩怒也。自威以道誡，自勸以長生，於此致當。忩爭激，急弦聲，所以者過。

積死遲怒，傷死以疾，五藏以傷，道不能治，故道誡之，重教之丁寧。五藏所以傷者，皆金木水火土氣不和也。和則相生，戰則相尅，隨怒事情，輙（輒）有所發。乙一藏則故尅，所勝成病煞人。乙遇陽者，發囚刻王，怒而无傷；雖尒，去死如鈸（髮）耳。如人衰者，發王剋囚，禍成矣。

和其光，同其塵。

情性不動，喜怒不發，五藏皆和同相生，與道同光塵也。

湛似常存。

如此湛然，常常在不亡。

吾不知誰子？像帝之先。

吾，道也。帝先者，亦道也。與无名萬物始同一耳。未知誰家子，能行此道；能行者，便像道也，似帝先矣。

——以上河上本第四章——

天地不仁，以萬物為蒭（芻）苟（狗）。

天地像道，仁於諸善，不仁於諸惡；故煞萬物，惡者不愛也，視之如蒭（芻）草如苟畜耳。

聖人不仁，以百姓為蒭（芻）苟。

聖人法天地，仁於善人，不仁惡人，當王政煞惡，亦視之如蒭苟也。是以人當積善功，其精神與天通，設欲偒（侵）害（害）者，天即救之。庸𠃊之人皆是蒭苟之徒耳，精神不能通天。所以者，譬如盜賊懷惡不敢見部史也，精氣自然與天不親，生死之際，天不知也。黃帝仁聖知後世意，故結蒭草為苟，以置門户上，欲言後世門户皆蒭苟之徒耳；人不解黃帝微意，空而效之，而惡心不改，可謂大忠（惡）也。

天地之間，其猶橐蘥。

道氣在間，清微不見，含血之類，莫不欽仰。愚者不信，故猶橐者治（冶）工排橐。蘥（籥）者，可吹竹，氣動有聲，不可見；故以為喻，以解愚心也。

虛而不屈，動而愈出。

清氣不見，像如虛也。然呼吸不屈竭也，動之愈益出。

多聞數窮，不如守中。

多知浮華，不知守道仝（全）身，壽盡輒窮，數𠃊，非一也。不如學生，守中和之道。

——以上河上本第五章——

谷神不死，是謂玄牝。

谷者，欲也。精結為神，欲令神不死，當結精自守。牝者，地也，體性安，女像之，故不掔。男欲結精，心當像地似女，勿為事先。

玄牝門，天地根。

牝，地也，女像之。陰孔為門，死生之官也，㝡（最）要，故名根。男荼亦名根。

綿綿若存，

陰陽之道，以若結精為生。年以知命，當名自止。年少之時，雖有，當閑省之。綿乚者微也，從其微少，若少年則長存矣。今此乃為大害，道造之何？道重繼祠，種類不絕，飲令合精產生，故教之。年少，微省，不絕，不教之懃力也。懃力之計出愚人之心耳，豈可怨道乎？上德之人，志㨔（操）堅彊，能不戀結產生，少時便絕。又善神早成，言此者道精也；故令天地无祠，龍無子，仙人妻，玉女无夫，其大信也。

用之不勤。

能用此道，應得仙壽，男女之事，不可不勤也。

——以上河上本第六章——

天長地久。天地所以能長久者，以其不自生，故能長久。

能法道，故能自生而長久也。

是以聖人後其身而身先，

求長生者，不勞精思求財以養身，不以无功刦君取祿以榮身，不食五味以恣，衣弊履穿，不與俗爭，即為後其身也；而目此得仙壽，獲福在俗人先，即為身先。

外其身而身存；

與上同義。

以其无尸，故能成其尸。

不知長生之道，身皆尸行耳，非道所行，悉尸行也。道人所以得仙壽者，不行尸行，與俗別異，故能成其尸，令為仙士也。

——以上河上本第七章——

上善若水。乙善利萬物，又不爭，

水善能柔弱，像道。去高就下，避實歸虛，常潤利萬物，終不爭，故欲令人法則之也。

處眾人之所惡，故幾於道。

水能受垢辱不絜（潔）之物，幾像道也。

居善地，心善淵，

水善得窐空，便居止為淵。淵，深也。

與善仁，

人當法水，心常樂善仁。

言善信，

人當常相教為善，有誠信。

政善治，

人君理國，常當法道為政，則致治。

事善能，

人等（等）當欲事師，當求善能知真道者；不當事耶僞伎巧，耶知驕（驕）奢也。

動善時。

人欲舉動勿違道誡，不可得傷王氣。

夫唯不爭，故无尤。

唯，獨也；尤，大也。人獨能放水不爭，終不遇大害。

——以上河上本第八章——

持而滿之，不若其已；揣而悅之，不可長寶。

道教人結精成神，今世間僞伎詐稱道，託黃帝、玄女、龔子、容成之文相教，從女不施，思還精補腦（腦），心神不一，失其所守，為揣悅不可長寶。若，如也；不如，直自然如也。

金玉滿室，莫之能守；

人之精氣滿藏中，苦无愛守之者，不肯自然閇（閉）心而揣捝之，即大迷矣。

富貴而驕，自遺咎。

精結成神，陽炁有餘，務當自愛，閇心絕念，不可驕欺陰也。驕欺，咎即成。又外說乘權富貴而驕世，即有咎也。

名成功遂身退，天之道。

名與功，身之仇，功名就，身即滅，故道誡之。范蚃（蠡）乘舟去；道意謙信，不隱身形剝，是其効也。

——以上河上本第九章——

載營魄抱一能無離，

魄，白也，故精白，與元〔炁〕同色。身為精車，精落故當載營之。神成氣耒（來），載營人身，欲全此功无離一。一者道也，今在人身何許？守之云何？一不在人身也，諸附身者悉世間常僞伎，非真道也；一在天地外，入在天地間，但往來人身中耳，都皮裏悉是，非獨一處。一散形為氣，聚形為太上老君，常治崐崘，或言虛无，或言自然，或言无名，皆同一耳。今布道誡教人，守誡不違，即為守一矣；不行其誡，即為失一也。世間常僞伎指五藏以名一，瞑目思想，欲從求福，非也；去生遂遠矣。

專氣致柔能嬰兒，

嬰兒无為故合道，但不知自制，知稍生，故致老；謂欲為柔致氣，法兒小時。

滌除玄覽能无疵，

人身像天地。覽，廣也，疵，惡也，非道所憙（喜）；當滌除一身，行必令无惡也。

愛民治國而无知，

人君欲愛民令壽考，治國令太平，當精心鑿道意，教民皆令知道真；无令知僞道耶知也。

明白四達而无為，

上土（士）心通，自多所知，乙惡而棄，知善能行，勿敢為惡事也。

天門開闔而為雌。

男女陰陽孔也，男當法地似女，前章已說矣。

生之畜之。生而不有，為而不恃，長而不宰，是謂玄德。

玄，天也，常法道行如此，欲令人法也。

——以上河上本第十章——

卅輻共一轂，當其无，有車之用。

古未有車時，退然；道遣奚仲作之，愚者得車，貪利而已，不念行道，不覺道神，賢者見之，乃知道息（恩），默而自厲，重守道真也。

埏殖為器，當其无，有器之用，

亦與車同說。

鑿戶牖以為室，當其无，有室之用。

道使黃帝為之，亦與車同說。

有之以為利，无之以為用。

此三物本難作，非道不成。俗人得之，但貪其利，不知其元；賢者見之，還守其用，乙道為本；賢愚之心如南與北，万不同。此三之義指如是耳。今世間僞伎回（因）緣真文設詐巧，言道有天轂人身有轂（按董思靖云：「三十輻共一轂，為取五藏各有六氣之象。」），專炁為柔，輻指形為錧鐗（鎋）；又培胎練形，當如圡（土）為凡（瓦）時；又言道有戶牖在人身中；皆耶僞不可用，〻之者大迷矣。

——以上河上本第十一章——

五色令人目盲，

目光散故盲。

五音令人耳聾，

非雅音也，鄭衛之聲，抗諍傷人，聽過神去故聾。

五味令人口爽，

道不食之，口爽者，糜爛生瘡。

馳騁田獵（獵）令人心發狂，

心不念正，但念煞无罪之獸，當得不得，故狂。

難得之貨令人行妨。

道所不欲也。行道致生，不致貨；〻有為，乃致貨妨道矣。

是以聖人為腹，不為目，故去彼取此。

腹與目前章以（已）說矣。去彼惡行，取此道誡也。

——以上河上本第十二章——

寵辱若驚，貴大患若身。

道不憙（喜）彊求尊貴，有寵輒有辱。若，如也，得之，當如驚，不憙也。若者，謂彼人也，必違道求榮，患歸若身矣。

何謂寵辱為下？得之若驚，失之若驚，是謂寵辱若驚。

為下者，貪寵之人，計之下者耳，非道所貴也。

何謂貴大患若身？

如前說。

吾所以有大患，為我有身；

吾，道也。我者，吾同。道至尊，常畏患不敢求榮，思欲損身；彼貪寵之人，身豈能勝道乎？為身而違誡，非也。

及我无身，吾有何患。

吾、我，道也；志欲无身，但欲養神耳，欲令人自法，故云之。

故貴以身於天下，〔若可託天下〕；

若者，謂彼有身貪寵之人，若以貪寵有身，不可託天下之号也。所以者，此人但知貪寵有身，必欲好衣美食，廣宮室，高臺榭，積珎（珍）寶，則有為；令百姓勞弊，故不可令為天子也。設如道意，有身不愛，不求榮好，不奢侈飲食，常弊薄羸（羸）行；有天下必无為，守樸素，合道意矣。人但當保身，不當愛身，何謂也？奉道誡，積善成功，積精成神，神成仙壽，以此為身寶矣。貪榮寵，勞精思以求財，美食以恣身，此為愛身者也，不合於道也。

愛以身為天下，若可寄天下。

與上同義。

——以上河上本第十三章——

視之不見名曰夷，聽之不聞名曰希，博之不得名曰微；

夷者，平且廣；希者，大度形；微者，道炁清，此三事欲歎道之德美耳。

此三者不可致詰，故混而為一；

此三者淳說道之美，道者天下万事之本；詰之者所況多，竹素不能勝載也，故還歸一。多者何？傷樸散淳，薄更入耶，故不可詰也。

其上不皦，其下不忽，

道炁常上下，經營天地內外，所以不見，清微故也；上則不皦，下則不忽，乚有聲也。

繩繩不可名，復歸於无物；

道如是，不可見名，如无所有也。

是无狀之狀，無物之像；

道至尊，微而隱，无狀貌（貌）形像也；但可從其誡，不可見知也。今世間僞伎指形名道，令有服色名字、狀貌、長拉（短）非也，悉耶僞耳。

是謂惚恍；迎不見其首，隨不見其後。

道明不可見知，无形像也。

執古之道，以御今之有。

何以知此道今端有？觀古得仙壽者，悉行之以得，知今俗有不絕也。

以故古始，是謂道紀。

能以古仙壽若喻，今自勉厲守道真，即得道經紀也。

——以上河上本第十四章——

古之善為士者，微妙玄通，

玄，天也；古之仙士，能守信微妙，與天相通。

深不可識。

人行道奉誡，微氣歸之，為氣淵〻深也，故不可識也。

夫唯不可識，故彊為之容。

唯，獨也；容，形狀也。獨行道，德備淵深，不知當名之云何，彊名之善為士者，道美大之也。

豫若冬涉川；猶若畏四鄰；

冬涉川者，恐懼也。畏四鄰，不敢為非，恐鄰里知也。尊道奉誡之人，猶豫行止之間，常當畏敬如此。

儼若客；

謙不敢犯惡，若客坐主人堂也。

散若冰將汋；

情慾思慮怒憙惡事，道所不欲，心欲規之，便即制止解散，令如冰見日散汋。

混若樸；曠若谷；

勉信道真，棄耶知守本樸。無他思慮，心中曠々但信道，如谷冰之志，東泲（流）欲歸海也。

肫若濁。濁以靜之徐清，

求生之人，與不謝，奪不恨，不隨俗轉移，真思志道，學知清靜，意當時如癡濁也。以能癡濁，樸且欲就矣。然後清靜能覩眾微，內自清明，不欲於俗。清靜大要，道微所樂，天地湛然，則雲起露吐，万物滋潤。迅雷風趣，則漢燥物疼，道東隱藏，常不周處。人法天地，故不得燥處；常清靜為務，晨暮露上下，人身氣亦布至，師設晨暮清靜為大要，故雖天地有失，為人為誡，輒能自反，還歸道素，人德不及，若其有失，遂去不顧，致當自約持也。

安以動之徐生，

人欲舉事，先孝（考）之道誡，安思其義不犯道，乃徐施之，生道不去。

保此道者不欲盈。

不欲志意盈溢，思念惡事也。

夫唯不盈，能弊復成。

尸死為弊，尸生為成，獨能守道不盈溢，故能改弊為成耳。

——以上河上本第十五章——

致虛極，守靜篤。

道真自有常度，人不能明之，必復亾（企）暮（慕），世間常僞伎，恳出教授，指形名道，令有處所，肷（服）色長短有分數，而思想之，苦極无福報，此虛詐耳。彊欲令虛詐為真，甚極，不如守靜自篤也。

萬物並作，吾以觀其復。夫物云云，各歸其根。

万物含道精，並作，初生起時也。吾，道也。觀其精復時，皆歸其根，故令人寶慎根也。

歸根曰靜，

道氣歸根，愈當清淨矣。

靜曰復命。復命曰常。

知寶根清靜，復命之常法也。

知常明；

知此常法，乃為明耳。

不知常，妄作凶。

世常僞伎，不知常意，妄有指書，故悉凶。

知常容；

知常法意，常保形容。

容能公，

以道保形容，為天地上容，處天地間不畏死，故公也。

公能生，

能行道公政，故常生也。

生能天，

能致長生，則副天也。

天能道，

天能久生，法道故也。

道能久；

人法道意，便能長久也。

沒身不殆。

太陰道積，練形之宫也。世有不可處，賢者避去，託死過太陰中；而復一邊生像，沒而不殆也。俗人不能積善行，死便真死，屬地官去也。

——以上河上本第十六章——

太上下知有之；

知道，上知也，知也。惡事，下知也。雖有上知，當具識惡事，改之不敢為也。

其次，親之譽之；

見求善之人曉道意，可親也。見學善之人勲乙者，可就譽也。復教勸之，勉力助道宣教。

其次畏之；

見惡人，誡為說善，其人聞義則服，可教改也，就电（申）道誡示之，畏以天威，令自改也。

侮之。

為惡人說善，不化而甫唉（笑）之者，此即芻苟之徒耳，非人也，可欺侮之，勿與語也。

信不足，有不信。

芻狗之徒，內信不足，故不信善人之言也。

猶其貴言，成功事遂。

道之所言，无一可棄者，得仙之士，但貴道言，故輒成功事遂也。

百姓謂我自然。

我，仙士也，百姓不學我，有貴信道言以致此功，而意我自然，當示不肯亾（企）及効我也。

——以上河上本第十七章——

大道廢，有仁義；

上古道用時，以人為名，皆行仁義，同相像類，仁義不別。今道不用，人悉弊薄，時有一人行義，便共表別之，故言有也。

智慧出，有大僞；

真道藏，耶文出，世間常僞伎稱道教，皆為大僞不可用。何謂耶文？其五經半入耶，其五經以外，眾書傳記、尸人所作，悉耶耳。

六親不和，有孝慈；

道用時，家〻慈孝，皆同相類，慈孝不別。今道不用，人不慈孝，六親不和；時有一人行慈孝，便共表別之，故言有也。

國家昏亂，有忠臣。

道用時，帝王躬奉行之，練明其意，以臣庶於此，吏民莫有不法効者。知道意賤死貴仙，競行忠孝質樸，□端以臣為名，皆忠相類不別。今道不用，臣皆學耶文習權詐隨心情，面言善內懷惡；時有一人行忠誠，便共表別之，故言有也。道用時，臣忠子孝，國則易治，時臣子不畏君父也，乃畏天神。孝其行不得仙壽，故自至誠，既為忠孝，不欲令君父知，自嘿而行，欲蒙天報。設君父知之，必賞以高官，報以意氣，如此功盡，天福不至。是故嘿而行之，不欲見功。今之臣子雖忠孝，皆欲以買君父求功名，過時不顯異之，便屏怨（怒？）之，言无所知。此類外是內非，无至誠感天之行，故令國難治。今欲復此，疾要在帝王當專心信道誠也。

——以上河上本第十八章——

絕聖棄知，民利百倍；

謂詐聖知耶文者，夫聖人天所挺生，必有表，河雒著名。然常宣真，不至受有誤耶道，不信明聖人之言，故令千百歲大聖演真，滌除耶文。今人无狀，裁通經藝，未貫道真，便自稱聖，不曰本，而章篇自揆，不能得道言；先為身，不勸民真道可得仙壽，脩善自懃。反言仙自有骨錄，非行所臻，云无生道，𠃋書欺人。此乃罪盈三千，為大惡人，至令後學者不復信道，元𠃋不椗（旋），子不念供養，民不念田，但逐耶學，傾側師門，盡氣誦病，到於窮年，會不能忠孝至誠感天，民治身不能仙壽，佐君不能致太平；民用此不息，倍城邑虛空，是故絕詐聖邪知，不絕「真聖道知」也。

絕仁棄義，民復孝慈；

治國法道，聽任天下仁義之人，勿得彊賞也。所以者，尊大其化，廣開道心，人為仁義，自當至誠，天自賞之，不至誠者，天自罰之；天察必審於人，皆知尊道畏天，仁義便至誠矣。今王政彊賞之，民不復歸天，見人可欺，便詐為仁義，欲求祿賞。旁人雖知其邪，交見得官祿，便復慕之，詐為仁義，終不相及也。世人察之不審，故絕之勿賞，民悉自復慈孝矣。此義平忤俗夫心，久𠃋自解，與道合矣，人君深當明之也。

絕巧棄利，盜賊无有。

耶巧也，利、所得財寶也，世不用之，盜賊亦不利也。

此三言為文未足，故令有所屬，見素抱樸，

三事、天下大亂之源，欲演散之、億文復不足，竹素不勝矣。受〔應作不勝受矣〕故令屬此道文，不在外書也。揲說其大略，可知之為亂原。

少思寡欲。

道之所說無私，少欲於世俗耳。

——以上河上本第十九章——

絕學無憂。唯之與何，相去幾何？

未知者復恠問之，絕耶學，道與之何？耶與道相去近遠？絕耶學，獨守道，〻必與之；耶道與耶學甚遠，道生耶死，〻屬地，生屬天，故極遠。

美之與惡，相去何若？

夫知者復恠問之，欲知美惡相去近遠，何如道與耶學近遠也？今等耳。美，善也。生故屬天，惡死亦屬地也。

人之所畏，不可不畏。莽其未央！

道設生以賞善，設死以威惡。死是人之所畏也，仙王士與俗人同知畏死樂生，但所行異耳。俗人莽〻，未央脫死也，俗人雖畏死，端不信道，好為惡事，奈何未央脫死乎。仙士畏死，信道守誡，故與生合也。

眾人熙熙，如享太窂（牢），若春登臺；

眾俗之人，不信道，樂為惡事，若飲食之，春登高臺也。

我魄未兆，若嬰兒未孩；魁無所歸。

我，仙士也。但樂信道守誡，不樂惡事，至惡事之間，无心意如嬰兒未生時也。

眾人皆有餘，我獨若遺。

眾俗人懷惡，常有餘意計念思慮；仙士意中都遺忘之，无所有也。

我愚人之心純！

仙士味道，不知俗事，純〻若癡也。

俗人照乙，

俗人不信道，但見耶惡利得，照照甚明也。

我獨若昏；

仙士閉心，不思慮耶惡利得，若昏乙冥也。

俗人察乙，

知俗事審明也。

我獨悶乙。

不知俗事也。

忽若晦，家（寂）無所止。

仙士意志道如晦，思臥安牀，不復雜俗事也。精思止於道，不止於俗事也。

眾人皆有已，我獨頑以鄙。

俗人於世間，自有財寶功名；仙士於俗，如頑鄙也。

我欲異於人，而貴食母。

仙士與俗人異，不貴榮祿財寶，但貴食母者，身也，於內為胃，主五藏氣。俗人食穀，乙絕便死；仙士有穀食之，無則食氣；歸胃，即腸重囊也。腹之為實，前章已說之矣。

——以上河上本第二十章——

孔德之容，唯道是從。

道甚大，教孔丘為知；後世不信道文，但上孔書，以為无上，道故明之，告後賢。

道之為物，唯慌唯惚。

道微，獨能慌惚不可見也。

慌惚中有物；惚慌中有像。

不可以道不見故輕也，中有大神氣，故喻囊蕃。

窈冥中有精。

大除中也，有道精，分之與万物，万物精共一本。

其精甚真，

生死之官也，精其（甚）真，當寶之也。

其中有信。

古仙士實精以生，今人失精以死，大信也。今但結精便可得可得（此二字疑衍）生乎？不（否）也，要諸行當備。所以精者，道之別氣也，人人身中為根本，持其半，乃先言之。夫欲實精，百行當脩，万善當著，調和五行，憙怒悉去，天曹左契，笇（算）有餘數，精乃守之。惡人實精，唐（空也）自苦終不居，必自泄漏也。心應規，制万事，故号明堂三道，布陽耶陰害；以中正度道氣。精并喻像池水，身為池堤封，善行為水源，若斯三備，池乃全堅。心不專善，无堤封，水必去。行善不積，源不通，水必燥干。決水溉野渠如溪江，雖堤在，源泝泄必亦空，岸燥炘裂，百病並生。斯三不慎，池為空坑也。

自古及今，其名不去，

古今常共此一道，不去離人也。

以閱終甫。

道有以來，更閱終始非一也。甫者、始也。

吾何以知終甫之然？以此。

吾、道也，所以知古今終始共此一道，其事如此也。

——以上河上本第二十一章——

曲則全

謙也，月謙，先曲後全明；學道反俗，當時如曲不足也，後亦全明。

枉則正，

枉亦曲也，曲變則正；學道反俗，獨自勤苦，當時如相侵枉也，後致正。

窪則盈，

謙虛意也，行无惡，其處空；道喻水，喜歸空，居惡處便為善，炁歸滿，故盈。

弊則新，

物弊變更新，學道羸弊，後更致新福也。

少則得，多則或。

陳力殖穀，裁令自足，天與之。无基考可得福，多望不止則或（惑）；乙，耶歸之也。

是以聖人抱一為天下式。

一，道也。設誡，聖人行之為抱一也，常教天下為法式也。

不自是，故章；

明者樂之，就誡教之。不樂者，墨以不言，我是若非，勿與之爭也。

不自見，故明；

聖人法道，有功不多，不見德能也。

不自伐，故有功；

惡者，伐身之斧也，聖人法道不為惡，故不伐身，常仝其功也。

不自矝（矜），故長。

聖人法道，但念積行，令身長生乙之行；垢辱貧羸，不矝傷身，以好衣美食與之也。

夫唯不爭，故莫能與爭。

聖人不與俗人爭，有爭，避之高逝，俗人如何能與之共爭乎？

古之所謂曲則仝，豈虛語？故成仝而歸之。

謙曲後全明，非虛語也；恐人不解，故重申示之也。

——以上河上本第二十二章——

希言自然。

自然、道也，樂清靜。希言，入清靜。合自然，可久也。

飄風不終朝，趍雨不終日。

不合清靜自然，故不久竟日也。

孰為此？天地。

孰、誰也。天地為飄風趍雨，為人為誡不合道，故令不久也。

天地尚不能久，而況於人。

天地尚不能久，人欲為煩躁之事，思慮耶計，安能得久乎？

故從事而道得之，

而、如也，人舉事令如道，ㄥ善欲得之曰自然也。

同於德者德得之，

人舉事與德合，德欲得之也。

同於失者道失之。

人舉事不懼畏道誡，失道意，道即去之，自然如此。

信不足，有不信。

前章已說之也。

——以上河上本第二十三章——

喘者不久，

用氣喘息，不合清靜，不可久也。

跨者不行。

欲行千里，一步而始，積之以漸；今大跨而立，非能行者也，不可久也。

自見不明，自是不彰，自饒無功，自矜不長。

復解前章之意耳。

其在道。

欲求仙壽天福要在信道，守誡守信，不為貳過，罪成結在天曹，右契无到而窮，不復在餘也。

曰餘食餟行，物有惡之；

行道者生，失道者死；天之正法，不在祭餟禱祠也。道故禁祭餟禱祠，與之重罰。祭餟與耶同，故有餘食器物，道人終不欲食用之也。

故有道不處。

有道者不處祭餟禱祠之間也。

——以上河上本第二十四章——

有物混成，先天地生，家（疑衍）家漠獨立不改，周行不殆，可以為天下母。

歎无名大道之巍〻之，真天下之母也。

吾不知其名，字之曰道，

吾、道也，還歎道美，難可名字，故曰道也。

吾彊為之名曰大。

言道甚大。言彊者，恐不復，不能副其德也。

大曰逝，

乙、去也，大神无能制者，便立能去之也。

逝曰遠，

翕然便能遠去也。

遠曰反。

翕然便能還反也。

道大，天大，地大，生大。

四大之中，何者冣大乎？道冣大也。

域中有四大，而生處一。

四大之中，所以令生處一者；生，道之別躰（體）也。

人法地，乙法天，乙法道，乙法自然。

自然者，與道同号異體，令更相法，皆共法道也。天地廣大，常法道以生；況人可不敬道乎！

——以上河上本第二十五章——

重為輕根，靜為躁君。

道人當自重精神，清靜為本。

是以君子終日行，不離輺（輜）重。

乙精神清淨，君子輺重也，終日行之不可離也。

雖有榮觀，燕處超然。

天子王公也。雖有榮觀為人所尊，務當重清靜，奉行道誡也。

如何萬乘之主以身輕天下？

天子乘人之權，尤當畏天尊道。設誤意自謂尊貴，不復懼天道，即為自輕其身於天下也。

輕則失本，躁則失君。

輕躁多違道度，則受罰辱，失其本身，亡其尊推矣。

——以上河上本第二十六章——

善行无徹迹，

信道行善，無惡迹也。

善言無瑕適，

人非道言惡，天輒奪筭。今信道言善，教授不耶，則无適也。

善計不用籌筭，

明計者心解，可不須用筭；至心信道者，發自至誠，不須旁人自勸。

善閇無關揵不可開，

心三川，陽耶陰害，悉當閇之勿用，中道為正。至誠能閇耶志者，雖無關揵永不可開；不至誠者，雖有關揵猶可開也。

善結无繩約不可解。

結志求生，務從道誡。至誠者為之，雖無繩約，永不可解。不至誠者，雖有繩約，猶可解也。

是以聖人常善救人，而無棄人，

常為善，見惡人不棄也；就往教之，示道誡，讜（儻）其人不化，不可如何也。

常善救物而無棄物。

與上同義也。

是謂襲明。

襲常明也，能知此意明乙也。

善人不善人師，

不善人從善人學善，故為師，終无善人從不善人學善也。

不善人善人之資。

善人無惡，乃以惡人為資，若不善人見人，其惡不可（疑有脫誤），善人益自勤勸。

不貴其師，不愛其資；雖知大迷，

不善人不貴善人，善人（上四字原卷作「善乙人乙」）不以惡人自改，皆為大迷也。

此謂要妙。

明知此甚要妙也。

——以上河上本第二十七章——

知其雄，守其雌（雌），為天下奚。

欲令雄如雌。奚，何也。亦近要也，知要安精神，即得天下之要。

常德不離，復歸於嬰兒。

專精无為，道德常不離之，更反為嬰兒。

知白守其黑，為天下式。

精白與元炁同，同色，黑，太陰中也，於人在賢（腎），精藏之。安如不用為守黑，天下常法式也。

常德不貸，復歸于无極。

知守黑者，道德常在，不從人貸，必當償之，不如自有也。行《玄女經》龔子容成之法，悉欲貸；何人主當貸若者乎？故令不得也。唯有自守，絕心閇念者，大无極也。

知其榮，守其辱，為天下谷。

有榮必有辱，道人畏辱，故不貪榮，但歸志於道，唯願長生，如天下谷水之欲東流歸於海也。

為天下谷，常德乃足，後歸于樸。

志道當如谷水之志欲歸海，道德常足。樸、道本氣也，人行道歸樸，與道合。

樸散為器，聖人用為官長。

為器，以離道矣，不當令樸散也。聖人能不散之，故官長治人，能致太平。

是以大制无割（割）。

道人同知俗事高官重祿好衣美食珎寶之味耳，皆不能致長生。長生（上四字原卷作「長ㄥ生ㄥ」）為大福，為道人欲制大，故自忌（忍）不以佁（俗）事割心情也。

——以上河上本第二十八章——

將欲取天下而為之，

狂或（惑）之人，啚欲篡弒，天必煞之，不可為也。

吾見，

吾、道也，同見天下之尊，非當所為，不敢為之。愚人寧能勝道乎？為之，故有害也。

某不得已。

國不可一日无君，五帝精生，河雒著名，七宿精見，五緯合同，明受天任而令為之，其不得已耳，非天下所任，不可妄庶幾也。

天下神器不可為；為者敗之，執者失之。

非天所任，往必敗失之矣。

夫物或行或隨，

自然相感也。行善，道隨之；行惡，害隨之也。

或噓或吹，

噓溫吹寒，善惡同規，禍福同根。雖得噓溫，慎復吹寒，得福，慎禍來。

或彊或羸，

彊後必更羸，乙復反更彊，先處彊者後必有羸，道人發先，處羸後更彊。

或接或隨（墮）。

身常當自生，安精神為本，不可恃人自扶接也。夫危國之君，忠臣接之，不（否）則亡。夫病人，醫至救之，不制則死。

是以聖人去甚，去奢，去泰。

去甚惡及奢太也。

——以上河上本第二十九章——

以道佐人主者，不以兵彊天下。

治國之君務脩道德，忠臣輔佐務在行道，乙普德溢，太平至矣。吏民懷慕，則易治矣。悉如信道，皆仙壽矣。不可攺（？）兵彊也。兵者非吉器也，道之設形，以威不化，不可專心甘樂也。道故斥（斥）庫樓，遠狼狐，將軍騎官房外居，鋒星脩柔去極疎。但當信道，於武略耳。

其事好還。

以兵定事，傷煞不應度，其殃禍反還人身及子孫。

師之所處荊棘生。

天子之軍稱師，兵不合道，所在淳見煞氣，不見人民，但見荊棘生。

故善者果而已，不以取彊。

果、誠也，為善至誠而已，不得依兵圖惡以自彊。

果而勿驕，

至誠守善，勿驕上人。

果而勿矜，

至誠守善勿矜身。

果而勿伐。

至誠守善勿伐身也。

果而不得已，是果而勿彊。

至誠守善，勿貪兵威，設當時佐帝王圖兵，當不得已而有，勿甘樂也，勿以常為彊也。風后佐黃帝伐蚩尤，呂望佐武王伐紂，皆不得已而為之耳。

物壯則老，謂之非道；非道早已。

聞道不能行，故老，乙不止，早已矣。

——以上河上本第三十章——

夫佳兵者不祥之器，物或惡之，故有道不處。

兵者非道所憙，有道者不處之。

君子居則貴左，用兵則貴右。

左右，契也。

兵者不祥器，非君子之器。

重明其凶事也。

不得已而用之。

前章已說之也。

恬惔為上，故不美。

道人恬惔，不美兵也。

若美，必樂之，是煞人。夫樂煞者，不可得意於天下。

明樂兵樂煞不可也。

故吉事尚左，喪事尚右。

左右，挈也。

是以偏將軍居左，上將軍居右。

偏將軍不專煞生之權，像左；上將軍專煞，像右。

言以喪禮處之。煞人眾多，以悲哀泣之。戰勝，以喪禮處之。

不得已而有者，輙三申五令，示以道誡，願受其降。不從者當閔傷悲泣之，如家有喪，勿喜快也。

——以上河上本第三十一章——

道常无名，

不名大，託微小也。

樸雖小，天下不敢臣。

道雖微小，為天下母，故不可得臣。

王侯若能守，萬物將自賓。

入不可以貴輕道，當之，万物皆自賓伏。

天地相合以降甘露，

王者行道，天地憙，滋澤生。

民莫之令而自均。

王者尊道，吏民仚効。不畏法律，乃畏天神。不敢為非惡，皆欲全身。不須令勑而自平均。

始制有名，

道人求生，不貪榮名，今王侯承先人之後有榮名，不彊求也，道聽之，但欲令務尊道行誡，勿驕溢也。

名亦既有，夫亦將知止。

王侯承先人之後既有名，當知止足，不得復思高尊彊求也。

知止不殆。

諸知止足，終不危殆。

譬道在天下，猶川谷與江海。

道在天下，譬如江海，人一心志道，當如谷水之欲歸海也。

——以上河上本第三十二章——

知人者智，

知平他人善惡，雖知不合道德，道人但當自省其身，令不陷於死地，勿平他人也。

自知者明。

如此甚明矣。

勝人有力，

好勝人者，但名有力耳。

自勝者彊。

自脩身，行善勝惡，此乃彊也。

知足者富，

道與謙也。

彊行有志。

道誠甚難，仙士得之，但志耳，非有伎巧也。

不失其所者久，

富貴貧賤，各自守道為務，至誠者道與之，貧賤者無自鄙，彊欲求富貴也。不彊求者為不失其所，故久也。又一說曰：喜怒五行戰傷者，人病死，不復待罪滿也。今當和五行，令各安其位勿相犯，亦久也。

死而不亡者壽。

道人行備，道神歸之，避世託死過太陰中，復生去為不亡，故壽也。俗人无善功，死者屬地官，便為亡矣。

——以上河上本第三十三章——

大道氾，其可左右；

氾、廣也，道甚廣大，處柔弱不與俗人爭，教人以誠慎者宜左契，不誠慎者置左契。（參箋證天曹條）

萬物恃以生而不辭，

不辭謝𡰪（恩），道不責也。

成功不名有；衣被萬物不為主，可名於小；

道不名功，常稱小也。

萬教歸之不為主，可名於大。

歸、仰也，以為生既不責𡰪，復不名主，道乃能常大耳。

是以聖人終不為大，故能成其大。

法道常先稱小，後必乃能大，ㄥ者長生，與道等壽。

——以上河上本第三十四章——

執大象，天下往；

王者執正法像大道，天下歸往，曠塞重驛，向風而至。道之為化，自高而降，指謂王者，故貴一人，制无二君，是以帝王常當行道，然後乃及吏民，非獨道士可行，王者棄捐也。上聖之君，師道至行，以教化天下，如治太平符瑞，皆感人功所積，致之者，道君也。中賢之君，志信不純，政復扶接，能任賢良，臣弼之以道，雖存國，會不蕩ㄥ，勞精躬勤。良輔朝去，暮國傾危，制不在上，故在彼去臣，所以者化逆（逆）也。猶水不泝西，雖有良臣，常難致治。况群耶雜政，制君諱道，非賤真文，以為人世可久隨之王者，道可久棄捐。道尊且神，終不聽人，故放精耶，變異汸（汾）ㄥ（紛紛）將以誡誨，道隱却觀。亂極必理，道意必宣，是以帝王大臣不可不用心慇懃審察之焉。

佳（往）而不宮，

王者行道，ㄥ來歸往，王者亦皆樂道，知神明不可欺負，不畏法律也，乃畏天神，不敢為非惡，臣忠子孝，出自然至心，王法無所復宮，形罰格藏，故易治，王者樂也。

安平大樂。

如此之治，甚大樂也。

與珥，過客止。

諸與天灾（災）變恠，日月運（暈）珥，倍臣縱横，剌（刺）貫之咎，過罪所致，五星順軌，客逆不曜，疾疫之氣，都悉止矣。

道出言，淡无味；

道之所言，反俗絕巧，於俗人中甚无味也。无味之中有大生味，故聖人味无味之味。

視不足見，聽不足聞，用不可既。

道樂質朴，辭無餘。視道言，聽道誡，或不足見聞耳，而難行；能行能用，慶福不可既盡也。

——以上河上本第三十五章——

將欲翕之，必固張之；

善惡同規，禍福同根，其先張者，後必翕。

將欲弱之，必固彊之；

先彊後必弱。

將欲癈（廢）之，必固興之；

先興後必衰廢。

終奪之，必固興之；

先得後必奪也。

是謂微明。

此四事即四怨四賊也，能知之者微且明，知則副道也。道人畏翕弱癈（廢）奪，故造行先自翕自弱自癈自奪，然後乃得其吉。及俗人癈言，先取張彊興（與）之利，然後返凶矣。故誡知止足，令人於世間裁自如，便思施惠散財除殃，不敢多求。奉道誡者可長處吉不凶，不能止足相返不虛也。道人不可敢非，實有微明之知。

柔弱勝剛彊。

道氣微弱，故久在無所不伏。水法道柔弱，故能消穿崖石。道人當法之。

魚不可脫于淵，

誡為淵，道猶水，人猶魚。ㄥ失淵去水則死，人不行誡守道，ㄥ去則死。

國有利器，不可以視人。

寶精勿費，令行缺（缺）也。又一說曰：道人寧施人，勿為人所施；寧避人，勿為人所避；寧教人為善，勿為人所教；寧為人所怒，勿怒人；分均，寧與人多，勿為人所與多。其返此者，即為示人利器也。

——以上河上本第三十六章——

道常无為而无不為。

道性不為惡事，故能神，无所不作，道人當法之。

王侯若能守，

王者雖尊，猶常畏道，奉誡行之。

萬物將自化。

王者法道為政，吏民庶蘖（孽）子悉化為道。

化如欲作，吾將鎮之以无名之樸。

失正變得耶，ㄹ改得正。今王者法道，民悉從正，齊正而止，不可復變，ㄹ為耶矣。觀其將變，道便鎮制之，檢以无名之樸，教誡見也。王者亦當法道鎮制之，而不能制者，世俗悉變為耶矣，下古世是也。

无名之樸，亦將不欲。

道性於俗間都无所欲，王者亦當法之。

无欲以靜，天地自止（正）。

道常无欲，樂清靜，故令天地常正。天地，道臣也，王者法道行誡，臣下悉皆自正矣。

——以上河上本第三十七章——

老子道經上想爾

三　校議

《想爾注》所傳五千文，為係師減字本。今所見《道德經》本，可稱為一家眷屬者，有：

一、道士索洞玄經寫本。敦煌出，伯希和目列二五八四號。見臺灣大學印神田喜一郎輯《敦煌祕籍留真新編》下冊。末有「道士索洞玄經」六小字。本校簡稱「玄本」。（影片見附圖）

二、羅振玉《道德經考異》及《補遺》中唐人寫本之一部分，即蔣錫昌《老子校詁》之敦、乙、丙、丁本。本校仍沿蔣氏簡稱。

三、北平圖書館藏唐寫殘卷（存第二十章之下半至二十七章之上半），即蔣錫昌《校詁》之「館本」。本校沿稱「館本」。

四、遂州龍興碑。碑既佚，今見焦竑《老子考異》從《道德經次解》轉引，與唐代易州、邢州、廣明、景福各經幢皆有歧異。本校簡稱「遂碑」。

若河上公《章句》，雖非刪助字本，而思想脈絡，亦與《想爾》有關。（說詳下）又為道教徒通用之本，故本篇據上刊各種參校。經文以《想爾》為主，章次依河上本（用影宋虞塾本，簡稱河本）。

第三章「靈其心」　「靈」字各本並作「虛」。

又「使（民）心不亂」　《淮南子・道應訓》、《蜀志・秦宓傳》及《易艮卦孔疏》、《晉書・吳隱之傳》、《文選．東京賦注》所引此文，皆無「民」字；劉師培《老子斠補》謂唐初避諱刪去；今此六朝寫本無「民」字，可證劉說之非。

又「**使知者不敢不為，（為无為）則無不治**」　「敢」下有「不」字，「為」下有「為无為」三字，惟玄本、遂碑同。

第七章「**故能長久**」　「久」字，玄本、遂碑同，他本並作「生」。

又「**以其无尸，故能成其尸**」　二「尸」字，惟玄本、遂碑同，他本並作「私」。

第十章「**載營魄抱一**」　唐玄宗改「載」為「哉」，屬上讀。案《想爾》及玄本、遂碑皆作「載營魄抱一」。

《楚辭．遠遊》云：「載營魄而登遐兮。」王《注》：「抱我靈魂而上升也。」此漢人故讀及故訓如此。

《淮南子．道應訓》亦作「載營魄」，玄宗改非。

又「**天地開闔**」　「地」字惟丙本同，他本與玄本、遂碑並作「門」。

第十一章「**卅輻**」　「卅」字惟玄本同，他本並作「三十」。敦煌本成玄英《老子開題》云：「古者三十分為二文，今時卅總為一字，有此離合，故少一文也。」（參本書附圖）按係師葛本不足五千言，所以為四千九百九十九字，其故在此。

第十四章「**其下不忽**」　「忽」字，玄本、遂碑同，他本並作「昧」。

又「**以故古始**」　「故」字他本皆作「知」。

第十五章「**渙若冰將汋**」　「汋」字，玄本、遂碑同，他本作「釋」。

又**「能弊復成」**　「弊」字，玄本、遂碑同（易縣各經幢亦同），他本作「蔽」。

第十六章**「妄作凶」**　「妄」字他本並同，惟玄本作「忘」，疑誤。

又**「公能生，生能天」**　二「生」字，玄本、遂碑同，他本並作「王」。

第十七章**「（其次）侮之」**　「其次」二字，玄本、遂碑同無。他本並有。按《想爾》分注文于「親之譽之」下、「畏之」下、「侮之」下，知原文分「畏」與「侮」為二事，則「侮」上刪去「其次」二字，顯然可見。

第十九章**「此三言」**　「言」字玄本、遂碑同。他本並作「者」。但《想爾注》文又同河上《章句》作「三事」。說詳下。

第二十章**「唯之與何」**　「何」字，他本並作「阿」，惟伯希和目二三二九號古寫卷作「何」（據唐文播《巴黎所藏敦煌老子寫卷斠記》）。

又**「美之與惡，相去何若」**　「美」字「何若」二字，玄本、遂碑同。他本「美」或作「善」，「何若」或作「若何」。案第二章「皆知美之為美，斯惡矣」。是美惡對言，又「若」字與上句「惡」字韻，此《想爾》猶存古義處。

又**「若亨太牢」**　「亨」字玄本同，陸德明《經典釋文》亦作「亨」。遂碑及他本並作「享」。

又**「我魄未兆」**　「魄」字，玄本、遂碑同。他本作「怕」，或作「泊」，或作「廓」。

又**「鬿无所歸」**　「鬿」別體字，他本並作「魁」，說詳箋證。

又**「俗人照照」**　二「照」字，玄本同，他本並作「昭昭」。《釋文》云：「昭一本作照。」

第二十一章**「以閱終甫，吾何以知終甫之然」**　二「終」字「然」字，玄本、遂碑、館本同。

他本「終」並作「眾」。《釋文》云：「河上一本直云『吾何狀也』。」案影宋河上本仍作「然」，不作「狀」。

第二十三章「**故從事而道得之**」　此下四句，玄本、遂碑各有微異。他本並多數句，此係師本減字之最明顯者。

第二十四章「**喘者不久，跨者不行**」　此二句玄本、館本、遂碑全同。惟《廣明碑》于二句中間多「企者不立」句，他本下句同，而上句多作「跂者不立」。成玄英《老子開題》云：「以仚為喘，以愚為娛，若斯之文，愚所未喻。」案「仚」即「企」字。敦煌本《文選・劇秦美新》「延頸仚踵」，亦以「仚」為「企」。惟《廣明碑》作「喘者不久，企者不立，跨者不行」。三句，各本或缺第一句，或缺第二句，又有一二句併作「企者不久」者（如易縣景龍二年《碑》）。開題誤以「喘者不久」與「企者不久」為同是一句，因謂「仚」為「喘」，不知此種本子乃二句併作一句，並非句首之字誤筆也。

又「**自饒無功**」　「饒」字，玄本、館本、遂碑同，他本並作「伐」。案《老子》文常用「自伐」字，《想爾》于他「自伐」句，以自削伐其身體立義，故文仍其舊；此處義別，故作「自饒」。

又「**曰餘食餟**」　「餟」字，玄本、館本、遂碑同，他本並作「贅」。

第二十五章「**道大天大地大生大**」又「**而生處一**」　二「生」字他本並作「王」，傅奕作「人」。按此亦《想爾》特異處，說詳箋證。

第二十七章「**善行无徹迹**」　「徹」字，玄本、館本同，他本從「車」邊。《釋文》云：「徹，梁（按似指梁武）云『應車邊，今作彳邊者，古字少也』。」案此亦古本之證。

第二十八章「**為天下奚**」「奚」字，玄本丁本同，遂碑作「蹊」，他本並作「谿」。又「**常德不貸**」「貸」字，玄本、丁本、遂碑同，他本並作「忒」。

第三十章「**大軍之後，必有凶年**」《想爾》無此二句，玄本、遂碑亦同無。

第三十二章「**王侯若能守**」「王侯」二字，玄本、丁本、遂碑同，他本並作「侯王」。《釋文》云：「梁武作王侯。」此亦《想爾》同古本之證。（第三十七章同）

第三十四章「**（常无欲）可名於小**」《想爾》、玄本、丁本、遂碑同無上三字。

第三十五章「**安平大樂，與珥過客止**」「大」各本皆作「太」或「泰」，于此斷句。獨《想爾》作大，連下「樂」字為句，義特異，說詳箋證。

第三十六章「**魚不可勝于淵**」「勝」各本並作「脫」，疑形近致譌。

第三十七章「**天地自正**」「地」字惟玄本同，遂碑與他本並作「下」。

由上勘校，知《想爾注》與索洞玄本、遂州龍興碑等經文本，乃屬同一系统，其章次及刪剟助字，固自一致。大抵東漢以來，《道德經》本可別為兩大系：一為道教徒刪助字以符五千文之本；一為不刪助字本，則一般所誦習者也。葛玄校定河上《章句》，因又有所謂「葛本」者，流行于唐代（見敦煌本成玄英《老子開題》及天寶十載寫本《德經》末），仍題曰「係師定」，實即刪助字本；唐時經幢及道觀書盟誓願文常用之。若此一系，乃代表道教徒之經本，《想爾》此注，殆所謂鎮南將軍張魯之本，則更為其祖本也。此道教同一系统中之寫本，文字雖時有微異，而章次則無不同；可見今本《老子》書，與東漢以來流傳之本，實無大逕庭者。

四　箋證

《想爾注》文字艱澁，不易通讀，而奇辭奧旨，有待于抉發，玆就管見所及，略為疏如次：

（一）「道教」名稱之始

《魏書．釋老志》：「寇謙之清整道教，除去三張僞法；專以禮度為首，而加之以服食閉鍊。」已見「道教」二字，《想爾注》第十七章云：「真道藏，邪文出，世間常僞技稱『道教』。皆為大僞不可用。」是張陵注《老子》已見「道教」一名，此為「道教」名稱見于載籍之始。三張之法，或稱「天師道」（「天師道」一名已見于《太平經》），譏之則曰「五斗米道」、「鬼道」。世之言道教史者，皆認張陵為道教之祖，而未審「道教」一名亦出于彼也。（《封氏聞見記》「道教」條，許地山、傅勤家《道教史》、陳國符《道藏源流考》附錄「道及道教」條均未能質言之）今由《想爾注》正可為道教史增一重要資料。（異教亦稱道教為「老教」，《法苑珠林》六十九：「道士之號『老教』，先無河上之言。」名曰「老教」者，因其以老子五千言為教本故也）

（二）真道　道真　真文

釋道安《二教論》「服法非老」章，言：「張陵妄稱真道。」今觀本注如第八章：「知真道者，不事邪僞伎巧。」第十章：「諸附身者，悉世間常僞伎，非真道也。」第十七章：「真道藏，邪文出。」可證道安之說。本注「真道」亦稱「道真」（如第十章、十四章、十五章、十八章，注不具引）。按「真道」之名《太平經》屢見之。《經鈔》己部之十七：「按行真道，共却邪僞。」又《鈔》己之二十三：「天地安，帝王生，天地所愛者，乃當愛真道真德也。夫天者，乃道之真，道之綱，道之信，道之因而行也；地者，乃德之善，德之紀，德之所因緣而止也。」《太平經》卷九十七之三：「凡人乃不宜聞非真要道，非真要德。勑教之，反以浮華僞文巧述示教。」又同卷之二：「四時五行，乃天地之真要道也。」《太平經》中每以「真道」與「邪僞」對言與《想爾》同（《太平經》卷七十一有《真道得失文訣》，卷四十九有《急學真法》，又卷五十一有《校文邪正法》，卷四十二有《驗道真僞訣》。其他言「真道」一名極多，不備舉）。此可見《想爾》之數言「真道」，乃取《太平經》之旨。道家言「真」，若老子書論道體曰：「其精甚真。」固「真」一名所自出，然其義顧不如是也。

陶弘景《真誥》，即以「真」為名。其論「真」之義，尤多精語。如《甄命授》云：

道者混然，是生元炁，元炁成然後有太極，太極則天地之父母，道之奥也，故道有大歸，是為素真。故非道無以成真，非真無以成道。道不成，其素安可見乎？是以為大歸也。見而謂之妙，成而謂之道，用而謂之性，性與道之體，體好至道，道使之然也。

（注云：「此說人體自然，與道炁合。所以天命謂性，率性謂道，修道謂教；今以道教，使性成真，則同于逋矣。」）

此言「真」之本體論，闡「道」與「真」相倚相成之義，至為精妙。（濂溪《太極圖說》之「無極」，即此之「元炁」）又云：

志道存其者，雖寒熱飢渴猶不護，此一往之至也。

此言志道貴誠，可與《想爾注》相參。又云：

夫真者，都無情慾之感，男女之想也，若丹白存于胸中，則真感不應。……所以真道不可對求，要言不可偶聽，有匹則不真。外併則真假，真假之迹，斷可見也。

此言「真」之絕對性，以破「對求」之方，說視張陵為高。弘景蓋反對其黃赤之道，混氣之法（參《真誥運象篇》及本書張陵著述《黃書》條），謂非上道。「道真」之義，自《太平經》、張陵至于陶隱居，其演變不同如此，故併論之。（後來純陽真人《金玉經歸真篇》云：「真其歸乎！假所以悟，假其歸乎！真自以出。」亦「真假」對言，則如釋氏之區別真假諦（Paramārth, Saṃ vṛti）矣。

想爾注又有「真文」一名，云「今世間僞技，因緣真文設詐巧」。「真文」《太平經》每見之，如卷四十一之四：「真人付文道德之君，以示諸賢明，卻並拘校，合天下之文人口訣辭，以上下相足，去其複重，置其要言要文訣事，記之以為經書，如是乃后天地真文正字善辭，悉得出也，邪僞畢去。」是「真文」一詞亦同《太平經》。（又《經鈔》庚部之三「悉出真文而絕去邪僞文也」）

（三）道誡

本注屢稱「道誡」，三十餘章中凡言布道誡、奉道誡、守道誡者，逾二十章，文繁不錄。按《太平經》如卷七十一有《致善除邪令人受道戒文》，卷百一十有《大功益年書出歲月戒》，其中屢言「大神重戒」。又卷百十二有《七十二色死尸誡》、《不忘誡長得福訣》。卷百十四有《不孝不可久生誡》、《見誡不觸惡訣》，又有《大壽誡》、《不承天書言病當解謫誡》等等。又卷百十四言：「天有誡書，具道善惡之事；不信其言，何從乎？」「誡」與「戒」同，《想爾注》數見之，「道誡」即《太平經》所謂「誡書」。《太平經》以「孝」為先，《想爾》亦同。誡者，命告之辭，漢制，皇帝下書戒敕州郡曰「誡敕」，亦稱「戒書」（見《後漢書．光武紀注》）。道教蓋倣效之。《抱朴子．微旨篇》亦言「道戒」云：「覽諸道戒，無不云欲求長生者，必欲積善立功，慈心於物，恕己及人，仁逮昆蟲，樂人之吉，愍人之苦，賙人之急，救人之窮，手不傷生，口不勸禍，見人之得如己之得，見人之失如己之失，不自貴，不自譽，不嫉妬勝己，不佞諂陰賊。如此乃為有德，受福于天，所作必成，求仙可冀也。」《想爾注》之主要思想，為「奉道誡，積善成功，積精成神」。故云「夫欲實精，百行當修，萬善當著」。葛洪即闡發此義。

道教有誡，以闡教理，又立戒條，以為奉守，乃能成為宗教，亦猶釋氏之有戒律。《四十二章經》牟子《理惑論》言沙門行二百五十戒。漢世僧伽戒律，已流入中國，于吉張陵輩之立教，取法乎彼，《辨正論》六：「干室（即于吉）以疾病致感老君，授百八十戒，並《太平經》一百七十篇。」道家之有百八十戒，亦猶沙門之二百五十戒也。戒上繫以數目，此之謂「事數」（見《世說新語·文學篇注》），亦採諸西域「格義」之一端。于吉、襄楷書，每用《四十二章經》之故事，《太平經》之竊取佛教學說，近人已發之（見湯錫予《漢魏佛教史》「太平經與佛教」章）。而五斗米道之置義舍、燒香、叩頭等事，與佛教之施食及威儀有關（說見日本福井康順《原始道教與佛教》文）。是道教立戒之方，取資沙門，自無疑義。因之又有所謂「道律」者，如甄鸞《笑道論》：「道士合氣」條引真人內朝律及道律言「行氣以次」事是也。

（四）道人　道士　仙士

第七章本注云：「道人所以得仙壽者。」《漢書·京房傳》：「法曰（指占候之法）道人始去，寒涌水為災。」師古曰：「道人，有道術之人也。」《後漢書·靈思何皇后紀》：「生皇子辯，養于史道人家。」（按注引《獻帝春秋》「養道人史子助家」）又《郎顗傳》引《易傳》（即《易緯稽覽圖》）亦言「道人」。

《太平經》云：

人生各自有命：一為神人，二為真人，三為仙人，四為道人，五為聖人，六為賢人，此皆助天治者也。神人主天，真人主地，仙人主風雨，道人主教化吉凶，聖人主治百姓，賢人輔助聖人，理萬民錄也。（卷七十一之八。又《經鈔》丁部之十五，壬部之十一並論此義）

經分人為六等，而以「道人」為主教化者，位在「仙人」之下。按「道人」一名，早見于《荀子・解蔽篇》：「則必合于不道人，而不知合于道人。」乃泛稱有道術之士。又晉六朝每稱沙門為「道人」（參《養新錄》十九），均與此義別。

第卅五章本注：「非獨道士可行，王者棄捐也。」「道士」即上之「道人」，《漢書・王莽傳》有道士西門君惠，桓譚《新論》作「方士」。《論衡・自然篇》：「道士以方術作王夫人形。」《後漢書・方技・許曼傳》：「行遇道士張巨君，授以方術。」蓋「道士」一名已沿自西漢。葛洪《抱朴子・序》：「道士弘洽，博聞者寡。」亦言及「道士」二字。《法苑珠林》六十九云：「始乎漢魏，終暨符姚，皆號眾僧以為道士。至魏太武二年，有寇謙之。始竊『道士』之名，私易祭酒之稱。」按「道士」之名非始于寇，斯言未確。

《漢書・劉向傳》淮南有《枕中鴻寶祕書》，言神僊使鬼物為金之術。《王莽傳》引《紫閣圖文》：「太一黃帝皆得瑞以僊。」《漢書・郊祀志》：「王莽種五粱禾，謂為黃帝穀僊之術。」揚雄《法言・吾子篇》論仙人之實。桓譚有《仙賦》。仙道之說，由來已久。《論衡・道虛篇》云：「好道學仙之人。」此注第七、第十四、第二十、第三十三等章皆言「仙士」，尤以第二十章為冗複。《太平經》

亦每言「仙士」，如云「上及仙士，壽可長年」（卷百十二之十九）。知「仙士」一名，取自《太平經》。

（五）守一

《老子》言「抱一」，又言「得一」（即「天得一以清」章）。若「守一」一詞，見于《莊子·在宥篇》。廣成子語黃帝云：

天地有官，陰陽有藏，慎守女身，物將自壯，我守其一，以處其和，故我修身千二百歲矣，吾形未嘗衰。

漢代太平道天師道，俱論「守一」之方，說蓋本此。「載營魄抱一」下《想爾注》云：

今布道誡，教人守誡不違，即為守一；不行其誡，即為失一也。

即以「守一」解「抱一」。《御覽》六六八引《太平經》云：

一者，數之始也，生之道也，元氣所起也，故守而思一也。子欲養老，守一最壽，平氣徐卧，與一相守，氣若泉源，其身何咎，是謂真寶，老衰自去。

《雲笈七籤》卷四九引《太平經》云：

何以初思守一也？一者，教之始也，一者，道之生也，元氣之所起也，天地之綱紀也。

《太平經鈔》乙部之二、之七、丙部之三、之十五並言「守一」。癸部之十九云：

人知守一，名為無極之道。人有一身，與精神常合並也。形者，乃主死，精神者，乃主生；常合即吉，去則凶，無精神則死，有精神則生。常合即為一，可以長存也。常患精神離散，不聚于身中，反令使隨人念而遊行也。敵聖人教其守一，言當守一身也，念而不休，精神自來，莫不相應，百病自除，此即長生久視之符也。陽者守一，陰者守二，故名殺也。

分「陽」為「守一」，「陰」為「守二」，以別陽生陰殺之理，故「失一」即殺。至云「行其誡」者，《太平經》卷九六有《守一入室知神戒》，今不具引。而《太平聖君祕旨》一書宣揚「守一」之法至詳。（在《道藏》七五五冊題「傳上相青童君」。青童君或云即東王公，治方諸山，在東海中。見《真仙體道通鑑》卷六）又有《太上內丹守一真定經》（《道藏輯要》尾集），皆後出之書。《抱朴子．對俗篇》引《仙經》云：「服丹守一，與天相畢，還精胎息，延壽無極。」《真誥》十三論守玄白之道云：「此道與守一相似。」「守一」蓋《太平經》要旨，《想爾注》亦用之，今並考其說之源流，以備覽焉。（漢魏所譯佛經，亦每見「守一」語。如《法句經》：「守一以正身。」是守一為東漢道家所恆言，故取以譯釋氏之「禪定」，亦格義之一例。湯錫予疑《太平經》之「守一」，源于印度之禪觀，按不如以格義說之，較妥）

（六）樂怒吉凶

《太平經》卷百十三為《樂怒吉凶訣》。其言曰：

樂：小具小得其意者，以「樂人」；中具中得其意者，以「樂治」；上具上得其意者，以「樂天地」。得「樂人法」者，人為其悅喜；得「樂治法」者，治為其平安；得「樂天地法」者，天地為其和。天地和則凡物為之無病，羣神為之常喜，無有怒時也，是正太平氣至，具樂之悅喜也。

《想爾》引《道德經》「安平大樂」，注云：「如此之法甚大樂也：此與向來異讀，義不易解；今以校《太平經》，乃知其說之所本。「安平」即《太平經》之「樂治法者，治為其平安」。故云「如此之治」；「大樂」即《太平經》之「樂天地法」，故云「甚大樂」，亦即所謂「太平氣」者也。

《太平經》又云：

凡樂者，所以止怒也，凡怒者所以止樂也；此兩者相伐，是故樂則怒止，怒則樂止。是故怒者，乃生刑罰，鬥之根也；喜樂者，乃道德之門也，故當從之，使生道德之根，勿止之也；止之反且生刑禍之門也。此者吉凶之所出，安危之所發也。

又云：

樂則天地道德悉出也，怒則天地惡悉出也；故天地樂者，善應出也，天地不樂者，惡應出也。

以「善惡」生于「樂」與「怒」，「怒」為鬥之根，「樂」為道德之源，故須制「怒」，勿使發作，是為道誡。觀《想爾》之解「挫其銳解其忿」二句云：

銳者，心方欲圖惡；忿者，怒也。皆非道所喜。心欲為惡，挫還之；怒欲發，寬解之，勿使五藏忿怒也。自威以道誡，自勸以長生。

即取是義。「怒」為「凶」，而「樂」則「吉」，常「樂」則長生可致，故云「自勸以長生」也（可參《太平經鈔》乙部）。西漢翼奉《齊詩》之說六情，以「樂」為姦邪，「怒」為陰賊，並屬于陰。《太平經》則但抽取「樂怒」二者建立「樂」「怒」兩元論，以解釋「善」「惡」之心理根源。

（七）急弦聲與中和

「道沖而用之」下，《想爾注》：「道貴中和，當中和行之。」而「挫其銳解其忿」下有云：「忿爭激，急弦聲，所以者過。」按「急弦聲」，蓋道家之妙喻。《真誥・甄命篇》錄眾靈教戒之言，有云：

南極夫人曰：「人從愛生憂，憂生則有畏，無愛即無憂，無憂則無畏。昔有一人，夜誦經甚悲，悲至意感，忽有懷歸之哀。太上真人忽作凡人，徑往問之：『子嘗彈琴耶？』答曰：『在家時，嘗彈之。』真人曰：『絃緩何如？』答曰：『不鳴不悲。』又問：『絃急何如？』答曰：『聲絕而傷悲。』又問：『緩急得中何如？』答曰：『眾者和合，八音妙奏矣。』真人曰：『學道亦然，執心調適，亦如彈琴，道可得矣。』」

此注上言：「道貴中和。」至是乃云：「急弦聲，所以者過。」過者，太過；因其非中道也。此蓋與釋氏之「中道」（madhyamā Pratipad）及儒家之中庸，義可旁通。以彈琴喻道，允具妙旨。「不如守中」下《想爾注》云：「不如學生，守中和之道。」按「中和」乃《太平經》要義。《太平經鈔》己部之二十九：「學以仁得之，道之始也；以德得之，道之中和也；以道得之，上也。」亦以德屬「中和」。《後漢書・襄楷傳》章懷《注》引《太平經典・帝王篇》云：「但順天地之道，不失銖分，則立致太平。元氣有三：名為太陽、太陰、中和。」此本老子「負陰抱陽沖氣為和」以立說。《想爾》此注與《太平清領書》（也寫作《太平青領書》）中經義，固一脈相承者。《太平經鈔》乙部云：

元氣有三名：太陽太陰中和；形體有三名：天地人；天有三名：日月星。北極為中也。地有三名：為山川平土；人有三名：父母子；治有三名：君臣民，欲太平也。

按此為一種新三才論。又云：「民者，主為中和；譚中和者，主調和萬物者也。」此從宇宙與政治釋「中和」之義，推擴益遠。皆本元氣有三以立說。河上公于「眾妙之門」下注云：「除情去欲，守中和，是謂知道要之門戶也。」義亦與《想爾》同。

（八）生　學「生」

《想爾》改老子《道經》文域中四大之「王大」，及「公乃王」之「王」字為「生」，謂「生為道之別體」，可見其對「生」之重視。《抱朴子．勤求篇》：「『天地之大德曰生。』生好物者也，是以道家之所至祕而重者，莫過乎長生之方也。故血盟乃傳，傳非其人，戒在天罰，先師不敢以輕行授人。」

「不如守中」句下注：「不如學生守中和之道。」「學生」謂學長生。「學生」二字道書常見。如《真誥．協昌期》二：「學『生』之法，不可泣淚，及多唾泄，此皆為損液漏津。」是其例。

（九）太平符瑞

「執大象天下往」下，《想爾注》：「上聖之君，師道至行，以教化天下，如治太平，符瑞皆感人功所積致之者。」此固西漢以來之符應說，《太平經》于此闡發尤多。《經》卷一百八《瑞議訓訣》云：

「瑞」者，清也，靜也，端也，正也，專也，一也。心與天地同，不犯時令也。夫天地之性，自古到今，善者致善，惡者致惡，正者致正，邪者致邪，此自然之術，無可怪也。故人心端正清靜至誠感天，無有惡意，瑞應善物為其出。古者大聖賢皆用心清靜專一，故能致瑞應也；諸邪用心佞僞，皆無善應，此天地之大明徵也。（亦見《經鈔》庚部之四）

又《太平經》卷八十六《來善集三道文書訣》，亦論災異瑞應，謂：「天地不妄欺也，見善瑞應則喜，見惡不祥則怒，不當使天地恨怒，即立致太平之術。」以人之喜怒，感動天心，表現則為祥異。《想爾》亦用《太平經》說，以解老子「執大象」語。

（十）自然

廿五章「道法自然」下，《想爾注》：「自然者，與道同號異體。令更相法，皆共法道也。天地廣大，常法道以生；況人，可不敬道乎！」按《太平經》卷一百三《道畢成誡》云：「自然之法，乃與道連，守之則吉，失之有患。」又言：「天地之性，獨貴自然，各順其事，毋敢逆焉。」（說亦見《經鈔》庚部）以「自然」為順事不逆天之義。「自然」與道連，可與《想爾》說互參。（《太平經》屢言「大順」之理，「大順」二字出《老子》「然後乃至大順」句，司馬談論「道家因陰陽之大順」，可持以證《太平經》義。至宋張載《西銘》亦言：「存，吾順事。」語亦出道家。「大順」即「自然」之極則也）

（十一）和五行

「挫其銳」下，《想爾注》：「五藏所以傷者，皆金木水火土氣不和也；和則相生，戰則相尅。」又「不失其所者久」下，注云：「今當和五行，令各安其位，勿相犯。」按此《太平經》義。《經鈔》戊部言：「道有九度：其五為大道神，與四時五行相類，青赤黃黑俱同臟神（按經主五臟有神），出入五行，神吏為人，使可降邪。」故五臟須與五行和合，則無疾病。又《經鈔》辛部「自來五行和，四時氣時良，其為政法，起于本。本者，天地之間。」事事「和五行」，乃為政之要，《想爾》亦取其義。翼奉《齊詩說》，亦以五性配五行及五藏，知此為西漢人之恆言，亦《太平經》、《想爾》之所從出也。

（十二）發王剋囚

《想爾》于「解其忿」下注云：「隨怒事情，輒有所發。發一藏（臟）則故剋，所勝成病，煞人。人遇陽者，發（廢）囚刻（剋）王，怒而无傷，雖爾，去死如髮耳。如人衰者，發王剋囚，禍成矣。」重申「怒」之傷生，為禍至烈。《太平經》卷六十五《興衰由人訣》云：

> 今天迺自有四時之氣，地自有五行之位，其王（旺）相、休、囚、廢，自有時；今但人興用之也。安能乃使其生氣，而「王」「相」更相尅賊乎。咄咄噫！六子雖日學無益也，反更大愚，略類無知之人。何哉？夫天地之為法，萬物興衰反隨人故。凡人所共與事，所貴用，其物悉王（旺）生氣；人所休廢，悉衰而囚。……是故天下人所興用者，王（旺）自生氣，不必當須四時五行氣也。

按《太平經》義言陰陽四時五行之理，順乎自然。人之興衰，由人自造，物之興廢，因人之用，蓋反對五行家言。《想爾》亦同其說，故目此類為僞技，注中屢屢言之。然五行休王之說瀰漫于漢人之腦海，故此章注仍援用之。考五行休王之義，《淮南地形訓》云：「木壯、水老、火生、金囚、土死，火壯、木老、土生、水囚、金死，土壯、火老、金生、木囚、水死，金壯、土老、水生、火囚、木死，水壯、金老、木生、土囚、火死。」已著此公式。《論衡．難歲篇》：「立春：艮王，震相，巽胎，離沒，坤死，兌囚，乾廢，坎休。王之衝死，相之衝囚，王相衝位，有死囚之氣。」所謂王、相、囚、死、胎、沒、休、廢，乃卦之八氣（見《唐六典》），所謂「八卦休王」也（詳《五行大義》二）。《太平經》謂「王、相、休、囚、廢」，則「五行休王也」，《御覽》二十五引有《五行休王論》。尚有「干支休王說」，又或以五色合四時以判王相囚死，用以論相（見《長短經察相篇注》引《相經》），並五行家言，要不離生尅之理。《想爾注》「發囚刻（尅）王」「發王尅囚」，即指此類也。

（十三）日月運珥　客逆不曜

「運珥」之「運」讀為「暈」，二字通用。如「鴆」，《說文》云「運日也」。僧道騫《楚辭音》又作「暈日」（敦煌殘卷）是其證。《玉篇》：「暈，日月旁氣也。」《呂氏春秋·明理》「日有暈珥」。高誘《注》：「氣圍繞日，周匝有似軍營相圍守，故曰暈也。」《史記·天官書》：「兩軍相當日暈。」《集解》引如淳：「暈讀如運。」又言「平城之圍月暈參」。《漢書·天文志》：「抱珥虹蜺。」顏《注》：「凡氣在日旁直對為珥。」各本「餌」字《想爾》獨作「珥」，以災異天變為說。

「客逆不曜」者，《史記·天官書》：「夫常星之變希見，而三光之占亟用。日月暈，適雲風，此天之客氣，其發見亦有大運。」《集解》引李斐曰：「適，見災于天。劉向以為日月蝕及星逆行，非太平之常；自周衰以來，人事多亂，故天文應之，遂變耳。」《想爾注》所謂「客逆」，自指天之「客氣」及星逆行。張陵蓋深于天官之學，故所著《天官章本》亦以「天官」為名。

（十四）庫樓　狼　狐　將軍　騎官　房　鋒星

第三十章《想爾注》云：「道故斥庫樓，遠狼狐，將軍騎官房外居，鋒星脩柔去極疎。」此論星官與道乖違者。略釋如下：

庫樓　《史記．天官書》：「軫南眾星曰天庫樓，庫有五車。」《漢書．天文志》奪「樓」字。《晉志》：「庫樓十星，其六大星為庫，南四星為樓，兵甲之府也。」

狼　狐　兩星名，在西宮。《天官書》：「（參）其東，有大星曰『狼』。狼角變色，多盜賊。下有四星曰『弧』，直（值）狼。」《正義》：「狼一星，參東南，狼為野將，主侵掠。占非其處，則人相食。色黃白而明，吉。赤角，兵起。」又云：「弧九星，在狼東南，天之弓也。弧矢向狼動移，多盜；引滿，則天盡兵也。」《楚辭．九歌．東君》：「舉長矢兮射天狼，操余弧兮反淪降。」自古以「狼」與「弧」二星主兵。「弧」，《想爾注》作「狐」，與《天官書》異。

將軍、騎官、房　《天官書》：「房南眾星曰騎官。左角，李；右角，將。」《索隱》引《元命包》：「左角理物以起，右角將帥而動。」《星經》云：「騎官二十七星，在氐南。」王元啓謂：「騎官二十七星，三三相連，在陣車南。天子宿衛之騎士，即虎賁也。」「騎官」眾星，在赤道南四十五度左右，「將軍」即右角之「將」星，在角宿右。

《天官書》「房為天府」。「房」指房星，「將」及「騎官」諸星皆主兵，在房星之外圍。

鋒星　即天鋒。《天官書》：「杓端有兩星：一內為矛——招搖；一外為盾——天鋒。」《漢書．天文志》「鋒」作「蠭」。注引晉灼：「一名玄戈。」《星經》云：「梗河星為戟劍之星，若星不見，或進退不定，鋒鏑亂起，將為邊境之患也。」是「鋒」亦主兵。其云「去極疎」者，「極」疑指中官天極星，即北辰。老子以「兵為凶器，聖人不得已而用」。本注所舉「庫樓」、「狼」、「狐」諸星，皆主兵，故云斥之遠之。以兵興，則不能致太平也。

（十五）龍無子　僞技

龍指太歲。《論衡．難歲篇》：「太歲，天別神也，與青龍無異。」古以青龍為太歲（詳孫星衍《問字堂集．太陰考》、王引之《太歲考》、錢塘《淮南子．天文訓注》）。太歲在子位，其南方為午，即太歲所對之衝，為歲破，故禁移徙。因南北徙則抵觸其衝，故凶（見《論衡》引《移徙法》）。《協紀辨方書》云：「歲破，叢辰名。太歲所衝之辰也。」此蓋叢辰家言，《想爾》目此類為「僞技」。注言：「龍无子。」殆謂如此種禁忌之說廢而不行，則龍（太歲）無子衝之妄論矣。赤仲任難歲之意也。

（十六）玉女

第六章《想爾注》：「仙人妻，玉女无夫。」按《太平經》卷七十一之七《致善除邪令人受道戒文》言天神試人以「玉女」。「玉女无夫」之意，殆謂人皆得道，不復為「玉女」所誘也。「玉女」又為神名。《經》一百十三之一論太平氣至，具樂悅喜，則東方南方之青衣、赤衣玉女，悉來賜人奇方。自爾以後，「玉女」一名，遂為道教所恆言。《魏書·釋老志》記寇謙之以服食閉練，使「玉女」九疑十二人授謙導引口訣。《抱朴子·遐覽篇》有《玉女隱微》一卷，已不傳。又《雜應篇》云：「或召六陰玉女，其法六十日而成。」所謂六陰者，蓋指六丁六甲之玉女神。六丁玉女皆有名字，見《黃庭·內景經·常念章》梁丘子《注》，則後起之說矣。

（十七）黃帝　玄女　容成之文

第九章《想爾注》云：「黃帝玄女龔子容成之文。」《抱朴子·極言篇》：「黃帝論道養，則資玄素二女。」高誘《淮南子注》曰：「素女，黃帝時方術之女也。」《隋志》醫方家有《素女祕道經》並《玄女經》各一卷，當是後人依託。

「容成」者，《抱朴子·遐覽篇》所言道書有《容成經》一卷。又《釋滯篇》：「房中之法十餘家，玄、素、子都、容成公、彭祖之屬，皆載其麤事，終不以至要者著於紙上者也。」《漢志》房中家有容成《陰道》二十六卷。又陰陽家有《容成子》十四篇。《莊子則陽》：「容成氏曰：『除日无歲，无內无外。』」《釋文》：「老子師也。」（詳俞樾《莊子人名考》）《列仙傳》：「容成自稱黃帝師，見于周穆王，能善補導之事。取精于玄牝，其要谷神不死，守生養氣者也。」《後漢書·方術傳》：「甘始、東郭延年、封君達三人，皆方士也。率能行容成御婦人術，或飲小便，或自倒懸，愛嗇精氣，不極視大言。」注：「御婦人之術，謂握固不瀉，還精補腦也。」又冷壽光者，亦能行容成公御婦人法。《神仙傳》云：「甘始依容成、玄、素之法，更演益之為十卷。」皆言「容成」之事。《注》又稱「龔子」，無可考。

（十八）實髓愛精

第九章《想爾注》云：「實髓愛精。」按還精補腦，為長生久視之道，此注屢言之。唐釋法琳《辨正論》：「實髓愛精，仙家之奧旨。」（《廣弘明集》十三）《黃庭·內景經》曰：「閉塞三關握固停。」「三神還精老方壯。」「結精育包化生身，留胎止精可長生。」其說不一而足。河上公《注》：「固守其精，使無漏泄。」（《守道章》第五十九）「愛精重施，髓滿骨堅。」（《安民章》第三）「治身者卻陽精以糞其身。」（《儉欲章》第四十六）皆與《想爾》說同。《抱朴子·微旨篇》亦云：「善其術者，則能卻走馬以補腦。」解走馬為泄精，卻走馬即謂固精而不泄，如是則筋肉堅彊，骨髓充盈。欲臻長生不死，于愛精須三致意，此神仙家言，亦天師道之要諦，與黃庭之說，正同出一源也。

（十九）道禁祭餟

「曰餘食餟行」下《想爾注》：「天之正法，不在祭餟禱祠也。道故禁祭餟禱祠，與之重罰。」

按他本「餟」作「贅」。注一作「餟」又作「醊」，二字通。《說文》：「餟，祭酹也。」《急就篇》：「哭泣祭醊墳墓冢。」顏《注》：「醊謂連續之祭也。」《史記·封禪書》：「其下四方地為醊食。」《正義》劉伯莊云：「謂繞壇，設諸神座相連綴也。」《抱朴子·金丹篇》：「長生之道，不在祭祀事鬼神也，不在道引與屈伸也；昇仙之要，在神丹也。」葛洪重鍊丹，亦主不事祭祀。若《想爾》之不重禱祠者，乃《太平經》義。《經鈔》丙部云：「中古盛于祭祀，而鬼神益盛，民多疾疫，鬼物為祟，不可止。下古更熾祀他鬼，而興陰事，鬼神而害生，此皆興陰過陽，天道所惡。」其說又見《經》卷三十六之九。謂：「與其祭祀即時致邪；不知何鬼神物，來共食其祭，因留止祟人，故人小小多病也。」（《事生到終本末當相應訣》）《想爾》以「祭餟與耶（邪）通」，因祭祀可以致邪也。與《太平經》說合。蓋以「祭」屬陰，「祭餟」多則陰盛而害陽，此參陰陽家言以立論者。（餘食者，《禮記·曲禮》：「餕餘不祭。」鄭注：「食人之餘曰餕。」《正義》曰：「餕者，食餘之名。」）

（二十）殃禍還及子孫

「其事好還」下《注》云：「傷煞（殺）不應度，其殃禍（反）還人身，及子孫。」按此報應之理，亦《太平經》「承負」之說。所謂「若父母失道德，有過于鄉里，後子孫反為鄉里所害，是即明承負之驗」者也。（見《經鈔》丙部之一。《太平經》言承負之理極多，不具記）

（二十一）太陰

第十六章《注》云：「太陰煉形。」《抱朴子．地真篇》：「堪輿星歷，而不避太歲、太陰、將軍、月建、煞耗之神，年命之忌，終不復值殃咎也。先賢歷試有驗之道也。」又《真誥》四：「若其人蹔死，適太陰，權過三官（按即天、地、水三官）者、肉既灰爛，血沉脈散者，而猶五藏自生，白骨如玉，七魄營侍，三魂守宅，三元權息（按正月十五為上元，即天官檢勾；七月十五為中元，即地官檢勾；十月十五為下元，即水官檢勾。三元管眾生命籍）。太神內閑，或三十年二十年，隨意而出，當生之時，即更收血育肉，生津成液，復質成形，乃勝于昔未死之容也。真人鍊形于太陰，易貌于三官者，此之謂也。」

（二十二）地官

「沒身不殆」下《想爾注》：「死便真死，屬地官去也。」「地官」為天地水三官之一。三官亦稱三元。七月十五日為中元，即「地官」檢勾。詳下「天曹」條。（《莊子．在宥》引《廣成子》言：「天地有官。」似即三官說之所自出，惟僅言天地而已。及《太平經》論一切皆有三名，道教徒因益一而為三官耳，參上「中和」條。至以水為「官」，與天地配合者，蓋道家目水為宇宙之根源。《管子》有《水地篇》。酈道元《水經注序》云：「《易》稱『天以一生水』，故氣微于北方而為物之先也。《玄中記》曰：『天下之多者水也』。」楊泉《物理論》亦云：「所以立天地者水也；成天地者，氣也。」均可窺見道教宇宙論以「水」為三官之一之立說根據）

（二十三）天曹　筭

廿一章《想爾注》云：「天曹左契。」《隋志》道經序錄：「奏上天曹請為除厄，謂之上章。」《笑道論》引《三元品》（《戒經》）：「天地水三官、九府、九宮、一百二十曹。」《太上洞玄靈寶三元玉京玄都大獻經序》：「一切眾生，生死命籍善惡簿錄，普皆係在三元九府天地水三官，考校功過，毫分無失。」《抱朴子．遐覽篇》所列道書有《左右契》一種，其《登涉篇》言道士帶有《老子左契》者則鬼不敢近。

《注》又云：「筭有餘數。」按《抱朴子．微旨篇》：「按《易內戒》、《赤松子經》及《河圖記命符》皆云：『天地有司過之神，隨人所犯輕重，以奪其筭，筭減則人貧耗，疾病屢逢憂患；筭盡，則人死。諸應奪筭者，有數百事，不可具論。』」又言：「身中有三尸，三尸之為物，雖無形，而實魄靈、鬼神之屬也。欲使人早死，此尸當得作鬼，自放縱遊行，饗人祭酹。是以每到庚申之日，輒上天白司命，道人所為過失。又月晦之夜，竈神亦上天，白人罪狀。大者奪紀，紀者三百日也，小者奪筭，筭者三日也。」又《對俗篇》：「行惡事，大者司命奪紀，小過奪筭，隨所輕重。凡人之受命，得壽自有本數，數本多者則紀筭難盡而遲死，若所稟本少，而所犯者多，則紀筭速盡而早死。」

按《白虎通·壽命篇》「司命舉過」，《關元占經》引《黃帝占》：「文昌六星，其第四星為司命，主賞功進賢；第五星為司中，主司過詰咎。」此即所謂司過之神。《太平經》卷一百十：「過無大小，天皆知之。簿疏善惡之籍歲，日月拘校，前後除筭減年。」則奪筭亦《太平經》說。《抱朴子·遐覽篇》所列道書中，有「道士奪筭律」三卷，似即當時對年筭之專門著作。

（二十四）尸 尸人

道家本有三品：一為《老子》無為，二為神仙餌服，三為符籙禁厭。道安《二教論設問》云：「就其章式，大有精粗。粗者厭人殺鬼，精者練屍延壽。」今觀《想爾注》于練屍延壽，再三致意。「天長地久」章注云：「能法道，故能自生而長久也。」又「以其无私故能成其私」句，河上公、王弼本均同，獨《想爾》本兩「私」字並作「尸」。《注》云：「不知長生之道，身皆尸行耳；非道所行，悉尸行也。道人所以得仙壽者，不行尸行與俗別異，故能成其尸令為仙士也。」又于「夫唯不盈能弊復成」句，《注》云：「尸死為弊，尸生為成。」此練尸延年之說也。《太平經》謂：「尸解之人，百萬之人乃出一人耳。」（卷百十四）則尸解亦非易致也（尸解，《抱朴子·論仙篇》、《真誥·運象篇》言之已詳，茲不贅）。凡尸行而不能尸解者謂之「尸人」，《想爾》謂：「眾書傳記為尸人所作。」以其不能得道真，故目為邪文。「尸人」蓋與道人義相反。

（二十五）規

第三章《想爾注》：「心者規也。」道家稱「鏡」為「規」，《關尹子．五鑑篇》已詳之。《太平經鈔》癸部：「正心意得無藏匿，善者出惡者伏，即知吉凶之法，如照鏡之式也。」《抱朴子．雜應篇》云：「明鏡或用四，謂之四規。四規者，照之時前後左右各施一也。」又《登涉篇》云：「萬物之老者，其精悉能假託人形，以眩惑人目，而常試人；唯不能於鏡中易其真形耳。是以古之入山道士，皆以明鏡徑九寸以上懸于背後。」按《隋志》五行家有《四規鏡經》一卷。《想爾》即取「規鏡」釋「心」，以解「靈其心」句。《道藏》中有衡嶽真子及唐長孫滋傳之《玄珠心鏡注》，當闡此義。又《真誥》五：「熟視其規中珠子。」則又以「眼」為「規」。

（二十六）明堂

「其中有信」句下注：有云「心應規制萬事，故雖明堂三道，布陽邪陰害，以中正，度道氣。」「善閉無關揵」句下注：「心三川，陽邪陰害，悉當閉之勿用，中道為正。」以此互證，知「明堂三道」即「心」。按此亦《太平經》義。《太平經》卷百十四《九君太上親訣》：

天重生，愛其情，尤志堅念生，要三明。三明者，心也，主正明堂，通日月之光，名三明成道。心志自不顧，亦有錄策，不可彊求。

是「心」又稱曰「三明」也。

（二十七）蒭苟

「蒭苟」即「芻狗」。見《莊子．天運》及《淮南．齊俗訓》。《釋文》引李《注》：「結芻為狗，巫祝用之。」成玄英《疏》：「謂結草為狗，以解除也。」高誘云：「束芻為狗，以謝過去福。」《想爾注》又言：「蒭苟之徒。」按《抱朴子．論仙篇》云：「況彼神仙，何為汲汲，使蒭狗之倫，知有之何所索乎？」可見「芻狗之徒」一語，道家之所慣用。

（二十八）奚仲為車　黃帝為室

「有車之用」下《注》：「道遣奚仲為之。」按《山海經》郭《注》引《世本．作篇》：「奚仲始作車。」《呂氏春秋．審分覽》：「奚仲作車。」

「鑿戶牖以為室」下注：「道使黃帝為之。」按陸賈《新語》、《白虎通》俱言黃帝作宮室，與此說同。（《世本．作篇》云「堯使禹作宮室」，異）

此視道為人格化，故以製器發明之事，歸功于道。

（二十九）孔德

第二十一章：「孔德之容，唯道是從。」《想爾注》謂：「道甚大，教孔丘為知。後世不信道文，但上孔書，道故明之。」又十八章「有大僞」下云：「何謂邪文？其五經半入邪；其五經以外，衆書傳記，尸人所作，悉邪耳。」此目「孔德」為孔子之道。以五經半為邪文者，《太平經》卷五十一《校文邪正法》云：

正文者，乃本天地心，守理元氣。古者聖書時出，考元正字，道轉相因，微言解皆「元氣要」也。再轉者，密解也（似指讖緯祕書而言），三轉成章句也；四轉成浮華；五轉者，分別異意，各司其忤；六轉者，成相欺文。章句者尚小儀其本也，過此下者，大病也。

論書有六轉，轉即變也。章句尚小儀其本，故半入邪。所謂「元氣要」，為至高之原理；施之政治，則為「元氣治」《太平經》六十七云：

助帝王治，大凡有十法：一為「元氣治」，二為「自然治」，三為「道治」，四為「德治」，五為「仁治」，六為「義治」，七為「禮治」，八為「文治」，九為「法治」，十為「武治」。天使元氣治，使風氣養物；地以自然治，故順善得善，順惡得惡也。人者順承天地中和，以道治主動。道凡事通而往來，此三事應天地人之讖。

以元氣屬「天」，自然屬「地」，道屬「人」，天師即能行天之「元氣治」者也。此《太平經》之要諦，《想爾》多用其說。以為孔書言仁義，故非道文。此義明，而後《想爾》之說乃可了解。

（三十）汋

第十五章「渙若冰將釋」，係師本皆作「散若冰將汋」。《想爾》云：「令如冰見日散汋。」解「汋」字亦與「釋」字同義。《說文》：「汋，激水聲也。」《釋名·釋形體》：「汋，澤也。」「汋」聲訓為「澤」，故與「釋」通。《真誥》卷五云：「青烏公服金汋而升太極。」則讀汋為「酌」（見《周禮·士師》，鄭司農讀），義別。

（三十一）魁

第廿章「魁无所歸」，索洞玄卷「魁」作「魁」。按劉向《九歎》：「訊九魁與六神。」王《注》：「九魁，謂北斗九星也。」錢大昕《養新錄》十七謂：「魁當為魁之譌。故書斗為斤，因誤魁。北斗九星，魁居其首，故有九魁之稱。」然證以此注，則「魁」應是「魁」之別寫，非譌字。漢《石門頌》「魁」亦作「魁」。

（三十二）注中韵論

東漢人注書每偶用韻，如王逸《楚辭章句．抽思》以下諸篇注是也（《四庫提要》已發之）。此注間亦用韻者：如卅二章「民莫之令而自均」下注，「道」與「効」叶；「神」「身」與「均」叶。三十章「不以兵彊天下」注，「狐」「居」「踈」叶，皆其例。此注文字風格，與《太平經》頗相類，更以用韻論，可證為東漢人作品。

（三十三）老子書名

本書末題「《老子．道經》上」，考《漢書．藝文志》著錄有《老子鄰氏經傳》、《老子傅氏經說》、《老子徐氏經說》、劉向《說老子》數種，俱題作「老子」，與《想爾注》合。清武億謂「折諸《漢志》，為還舊題曰『老子』」是也。宋晁以道謂：「王輔嗣《老子》曰《道德經》，不析道德而上下之，猶近于古。」《放翁題跋》沿其說。然《想爾注》作「老子《道經》上」，則析《道經》與《德經》區為上下，東漢已然。武億歷舉《漢書》顏注引《老子道經》及《德經》語，以證上下為題，已見于初唐，必襲自晉宋舊本（《授堂文鈔》二）。今觀《想爾》所題，實又不始于晉宋間也（日本多波野太郎《老子王注校正》仍疑晉宋淺識之徒，惑于史公之言，析《道》、《德》二經，遂以施之王弼，惜彼未見《想爾》書，故有此論）。

五 《想爾注》之異解

《想爾注》頗多異文異解，衡以河上諸本，似故為改字，以樹新義，雖未盡符《老子》之旨，而張陵立教，別有用心，亦足以存古說。玆舉其尤異者，錄如左方（經文以河上本為主）。

甲、因改字以致不成文義者，如：

（一）改「阿」為「何」

第二十章「唯之與阿」，《想爾》改「阿」為「何」。注云：「絕邪學道與之何？」與經文義不相應。

（二）以「谿」為「奚」

第二十八章「為天下谿」。《想爾》改「谿」為「奚」。《注》云：「奚，何也，亦近要也。知要，安精神，即得天下之要。」如此則《注》中「何也」之義，並無着落。

乙、改字以成其特殊見解者，如：

（三）以「私」為「尸」

第七章「非以其無私邪？故能成其私」，《想爾》本作「以其无尸，故能成其尸」。《注》云：「道人所以得仙壽者，不行尸行，與俗別異，故能成其尸，令為仙士也。」又十五章「能弊復成」，《注》云：「尸死為弊，尸生為成。」「成尸」之說，別詳箋證。「行尸行」者，《漢書．王莽傳》下：「莽召問群臣禽賊方略，皆曰：『此天囚行尸，命在漏刻。』」是「行尸」二字，西漢人已恆言之。

（四）以「忒」為「貸」

第二十八章「常德不忒」，獨《想爾》本作「常德不貸」。《注》謂：「知守黑者，不從人貸。行容成法，悉欲貸，不如閉念自守。」此改文以曲就其抨擊僞伎之說。容成法指容成房中術也。

（五）改「王」為「生」

第二十五章「故道大天大地大王亦大，域中有四大，而王居其一焉」，獨《想爾》本「王」字作「生」。《注》謂：「生，道之別體也。」又第十六章「公乃王，王乃天」，《想爾》本亦「王」作「生」，謂「能行道公正，故常生」。此改文以曲就其長生之說。

（六）以「天門」為「天地」

第十章「天門開闔能無雌」，索洞玄本亦同他本作「天門」。獨《想爾》本作「天地」，《注》

謂「男當法地似女」。此改文以曲就其「愛精」說。

（七）改讀「平安太，樂與餌」為「大樂」，以餌為「珥」

第卅五章「往而不害，安平太，樂與餌，過客止」。《想爾》本「太」作「大」，以「安平大樂」為句。《注》謂：「如此之治，甚大樂也。」乃用《太平經》「樂治法」說。又「餌」作「珥」，《注》中以天文災變立義，並詳箋證。

（八）解「無為」為「不為惡事」

第三十七章：「道常無為，而無不為。」《想爾》謂：「道性不為惡事。」又第三章，河上本作「使夫知者不敢為也，為無為，則無不治。」《想爾》本則「敢」下增「不」字，而刪去「無不為」三字。案揚善非惡，為《太平經》主要觀念，《想爾》用其說，亦沾沾于此，今觀其刪去此三字以成其曲解，知其所注重者，則為求合于《太平經》義，而不甚顧《老子》原有之哲理也。

六　《想爾注》與河上公《注》

《漢書・藝文志》注老之書，河上公所釋，無聞焉。唐劉知幾已謂其出于假造（見《大唐新語》、《唐會要》）。而釋氏亦深致非議，《法苑珠林》六十九云：「道士之號老教，先無河上之言，儒宗未辨。」黃東發《日鈔》謂：「河上公坐虛空授漢文帝（按說見陸氏《經典釋文》），其事發于晉裴楷。而《史》稱河上丈人為安期生師（按見《樂毅傳》）。豈當漢文之世，其說不經，類市井小說。」〔二〕《四庫提要》亦謂「詳其詞旨，不類漢人，殆道流之所依託」。至近世學者對河上公《注》之出于假託，辨析滋詳。日本武內義雄謂：河上注《老子》，實本于葛玄所著之《老子節解》與葛洪之《玄洞經》校正整理而成。因謂河上《注》乃葛洪一家之學（見《老子原始》）。按武內氏說，實出臆度。當時未覩敦煌所出成玄英《老子開題》及天寶十載河上本書末題語，故有是誤，予已辨之（詳拙作《索紞寫本道德經考證》，載香港大學《東方文化》二卷一期）。然河上公《注》成書年代，究在何時？《想爾注》為張陵作，則果在河上《注》之前乎？抑在其後乎？此一問題，殊有探討必要。間曾比勘二家注語，知《想爾》立義與河上間有同者，而訓詁違異實多；就其異中之同處，又可推知《想爾》襲取河上之迹，因知《想爾》應出河上之後焉，謹陳其證如左：

（一）第十九章「此三者，以為文不足」，河上《注》云：（以下悉據宋虞塾本）「謂上三事，所棄絕也。」「以為文不足者，文不足以教民。」

《想爾》本「三者」作「三言」，而《注》云：

「三事，天下大亂之源，欲消散之。億文復不足，竹素不勝矣。」

此似有意改經文為「言」字，以就下句「億文不足」之義。然注首「三事」二字，則固河上原文也。就《想爾》本意，但宜云「三者大亂之源」，今乃稱為「三事」，則襲用河上之迹甚顯。

（二）第二十章「為天下谷」，河上《注》云：

「天下歸之，如水流入深谷也。」

而《想爾》云：

「如天下谷水之欲東流歸于海也。」

經義原主納受，故河上解為「如水流入深谷」。《想爾》襲水流之義，而謂谷水入海，則谷反為被納受者矣，此又襲文而忘義之迹。

（三）第三十四章「萬物恃之而生而不辭」，河上《注》云：

「道不辭謝而逆止也。」

《想爾》則云：

「不辭謝恩，道不責也。」

是亦襲文忘義之迹。

（四）第六章「是謂玄牝」，河上《注》云：

「玄天也，於人為鼻；牝地也，於人為口。」

《想爾》亦以「天」「地」分釋「玄」「牝」。而此句僅言：「牝，地也。」其「玄，天也」之義，則散見各章之下。唐釋法琳《辨正論》引張陵注五千文云，「玄之又玄者，謂鼻與口也。」（詳下《想爾佚文補》）亦取河上之說，而改易之，以掩其襲舊之迹。（《大戴禮・易本命》：「丘陵為牡，谿谷為牝。」此為古說，河上及《想爾》則目「地」為「牝」）

至其立義與河上大體相同者：

（五）第八章「水善利萬物而不爭，處眾人之所惡，故幾於道。居善地，心善淵」，河上《注》云：

「眾人惡卑濕垢濁，水獨靜流居之也。」「水性幾與道同。」「水性善，喜于地草木之上，即流而下，有似于牝，動而下人也。」「水深空虛，淵深清明。」

《想爾注》云：

「水能受垢辱不潔之物，幾像道。」又謂：「水善得窐空，使居止為淵。淵，深也。」

兩注全同。惟「垢濁」與「垢辱」略異。

（六）第十五章「與兮若冬涉川，猶兮若畏四鄰，儼兮其若客」（《想爾》本無三「兮」字，「與」作「豫」），河上《注》云：

「舉事輒加重慎，與與兮若冬涉川，心猶難之也。」「其進退猶猶如拘制，若人犯法，畏四鄰知之也。」「如客畏主人，儼然無所造作也。」

《想爾》解「涉川」「畏鄰」「若客」皆同，惟申言尊道奉誡，略異耳。

由上可見《想爾注》部分取自河上。《想爾》為張陵（或張魯）作，蓋曾見河上公《注》，則河上《注》成書，明在張陵立教之前〔三〕，不能下至葛洪之世，可以破武內博士之疑。證諸天寶十載寫本，末云：「太極左仙公序，係師定河上真人《章句》。」知河上《注》自東漢已有流傳，至天師道之係師，乃加以釐定耳。《想爾注》之作，乃于河上外，別樹教義，故間有取河上以為說。又可證《授經戒儀注訣》次《想爾訓》于河上《章句》下之確。此由《想爾注》，可考出河上《注》之年代，為前人所未詳者。新資料所以可貴者在此！《想爾注》與河上《注》同主煉養之說。然河上仍兼顧老子哲理，及其文義上之融貫。《想爾》則自立道誡，自表道真，于老子哲理幾至放棄不談，即文理訓詁，亦多曲解。故兩《注》完全脗合者，殊不多覯。《戒儀注訣》謂「河上、《想爾》，注解已自有殊」，是也。

至兩《注》之異詁，若河上訓谷神之「谷」為「養」，《想爾》則解為「欲」。河上訓「口爽之爽」為「亡」，《想爾》則謂「口爽為糜爛生瘡」。河上訓「食母」，謂「食為用」，與《易》虞翻《注》同：「母為道」，亦出韓非《解老》。《想爾》則云：「食母者，身也。于內為胃主五藏氣。」「仙士有穀食之，無則食氣，氣歸胃，腹為之實。」則取《太平經》說。《太平經》第一百四十五云：「問曰：上中下得道度世，何食之乎？答曰：上第一者，食風氣；第二者食藥味；第三者，少食裁通其腸胃。」（見《三洞珠囊》引）皆其歧異者，餘不具列。

〔一〕宋本河上《注》卷首題葛玄序，其第二段記河上公事，言漢孝文皇帝時，聞侍郎裴楷說河上公誦《老子》。黃震說即指此。然敦煌本葛玄序無「裴楷」二字（伯希和目二五八四）。《晉書．裴楷傳》言：楷，尤精《老》、《易》。惟至晉武時，始拜散騎侍郎。此段又言，詔命諸王公大臣州牧二千石朝直衆官，皆令誦之。考漢時州牧之設，王莽之際曾有此制，如《莽傳》下有荊州牧費興，至光武建武十八年復為刺史。迨東漢之季，劉焉復議設州牧，則此段文應作于劉焉後；又言及裴楷，則宜下及晉初，事在葛玄卒後。是此段記河上事，當非玄撰，或出其徒輩所增益，知其說殊無稽。

〔二〕嵇康《高士傳》：「安丘望之，京兆長陵人，號曰安丘丈人，成帝聞欲見之，望之辭不肯見，為巫醫于人間也。」（據嚴輯《三國文》本）皇甫謐《高士傳》略同，又云：「著《老子章句》，故《老子》有安邱之學。扶風耿況、王汲皆師事之。終身不仕，道家宗焉。」陸氏《經典釋文敍錄》：「（老子）毌丘望之《章句》二卷，字仲都，京兆人，漢長陵三老。」《隋書·經籍志》：「梁有漢長陵三老毌丘望之注《老子》二卷，亡。」則「安丘」作「毌丘」。安丘丈人《老子章句》，隋時已亡。按河上公事，不可詳考，而傳者年次多歧。安丘事與河上公頗類似，安丘稱「安丘丈人」，河上亦稱「河上丈人」；河上有漢文帝傳說，安兵則有漢成帝傳說；河上著書曰「《章句》二卷」，安丘著書，亦曰「《章句》二卷」，皆極相似者也。嵇康《高士傳》又稱：「河上公不知何許人，謂之丈人，隱德無言，無德而稱焉。安邱先生等從之，脩黃老業。」則以河上為安丘之師。《史記·樂毅傳》稱：「河上丈人教安期生。」姚振宗《隋志考證》因謂安兵丈人即安期生，頗疑「安丘」、「安期」、「安丘丈人」皆係一人傳聞之訛。而漢魏時有安丘師事河上之說，故安丘與河上之故事，亦混而為一。道家記事多所假託以神其說，如于吉事或稱為順帝時宮崇師，或訛為周赧王之世。安丘丈人之訛為河上丈人，成帝之訛為文帝，亦其比也。《隋志》著錄河上公《注》二卷，又有戰國河上丈人《注》二卷，復有毌丘《注》二卷，是否同一書離而為三，或當時題名歧異，惜安丘書已亡，末由勘校，加以論定，謹發其疑于此。惟安丘丈人以巫毉而注《老子》，則鬼教與老子書混合之顯然者，實導張陵之先云。

七 《想爾》本與索洞玄本比較

《想爾》本刪助辭，改經文，既與河上本面目迥異。其最接近《想爾》本幾于全同者，厥為索洞玄本，皆係師本也。索洞玄本列伯希和目二五八四，已刊于《敦煌祕籍留真新編》下冊。卷首闕，起葛仙公序下半篇，次記河上公授經一段「左仙公葛玄曰」及「道士鄭思遠曰」各一段；次為「《太極隱訣》」，又次為「《道經》上」。每章提行，不另立章目，止「天地自正」句，末行題「《老子道經》上」，又另行有「道士索洞玄經」六小字。本編簡稱為「玄本」，前校已著其大概，茲更詳為比勘，條列于後，以見係師本至唐代道士寫經之異同焉。

（一）《想爾》改文而索洞玄本從同者，如：

第七章　「以其无尸，故能成其尸」　二「尸」字玄本同，他本並作「私」。

十四章　「其下不忽」　「忽」玄本同，各本並作「昧」。

十六章　「公能生，生能天」　各本二「能」字並作「乃」，二「生」字並作「王」，惟玄本同。

十九章　「此三言」　「言」玄本同，各本並作「者」。

廿一章　「以閱終甫」，又「吾何以知終甫之然」　二「終」字玄本同。各本並作「眾」。

廿四章　「曰餘食餟行」　「餟」索本同，各本並作「贅」。

廿八章「為天下奚」「奚」玄本同，各本並作「谿」。

又「常德不貸」「貸」玄本同，各本並作「忒」。

三十七章「天地自正」「地」玄本同，各本並作「下」。

第三章「使知者不敢不為，（為无為）則無不治」玄本同，各本「為」上並無「不」字，「為」下並有「為无為」三字。

以上為係師本改變經文之最奇特者，「《道經》上」中類此者尚多，不備錄。

（二）《想爾》改文，而索洞玄本不從者，如：

第十章「天地開闔」「地」字，玄本同各本作「下」。

二十章「唯之與何」「何」字，玄本同各本作「阿」。

廿五章「地大生大」，又「而生處一」二「生」字，玄本同各本作「王」（遂州碑亦作「王」），河上本作「而王居其一焉」，玄本從刪語助，而不從改字。

卅五章「安平大樂」《想爾》「樂」字連上讀，玄本「大」作「太」，斷句，樂字連下讀。

（三）《想爾》刪字而索洞玄本從同者，如：

第三章「（是以）聖人（之）治」各本有「是以」「之」三字，玄本無。

第四章「淵（兮）似萬物之宗」，又「湛（兮）似常存」各本並有「兮」，玄本無。

十一章「卅輻」「卅」玄本同，他本並作「三十」。

十七章「（其次）侮之」各本「侮」上並有「其次」二字，玄本無。

以上係師本刪減助字之例甚多，不備錄。

（四）《想爾》刪語助而索洞玄本不全從者，如：

第九章「自遺（其）咎」　玄本同各本有「其」字。

十六章「知常（曰）明」　玄本同各本有「曰」字。

廿三章「故從事而（道者）道得之」　此下七句，各本刪併不一，《想爾》刪成三句，玄本同《想爾》，但仍多存「道者」二字。

廿八章「知（其）白守其黑」　玄本同各本有「其」字。

三十一章「兵者不祥（之）器」　玄本不刪「之」字。

三十六章「將（欲）奪之」　玄本同各本有「欲」字。

（五）義可兩通，而索洞玄本從《想爾》者，如：

第八章「水善利萬物又不爭」　玄本同作「又」，他本作「而」。

（六）義可兩通而索洞玄本從別本者，如：

十七章「成功事遂」「事遂」玄本從別本作「遂事」。

（七）兩本相同，足存古義者，如：

二十章「美之與惡，相去何若」，「天下皆知美之為美，斯惡矣」　此以美惡對言，他本或譌

「美」作「善」，又「何若」與「惡」為韻，他本或譌作「若何」。

又「俗人照照」　各本並作「昭昭」，陸德明曰：「昭一本作照。」《想爾》、玄本與《釋文》所引一本同。

廿七章「善行無徹迹」　「徹」，各本並作「轍」。陸德明曰：「徹，梁云應『車』邊，今作『彳』邊者，古字少也。『跡』河上作『迹』。」按「徹」「迹」二字，《想爾》、玄本並同陸說。

二十二章「王侯若能守」（三十七章同）　各本並作「侯王」，陸德明曰「梁武作王侯。」《想爾》、玄本並同陸說。

（八）兩本誤筆，可以互證者，如：

卌六章「魚不可脫于淵」　玄本同各本作「脫」，可證《想爾》本作「勝」為筆誤。

十二章「五音令人耳聾」　《想爾》同各本並作「音」，可證玄本作「者」為筆誤。

（九）兩本或體字舉例

廿九章之「羸」　兩本並作「羸」。又廿六章「輜重」字，《想爾》作「輺」，玄本作「輺」，皆或體字。其通用古今字如「孰」與「熟」之類，及漢碑「屮」「十」「才」混用者，兩本常有分歧，不另著。

按道士書經法，據《傳授經戒儀注訣》，直先起戒文，就師請經卷。師手書一通以授弟子，弟子手書一通以奉師。不得漏誤，誤則奪年筭，遭災禍。又經戒各治二通，一通盛以柏函，而密藏之；一通常隨齋請，思議誦習，有不解了，且存供養。今觀敦煌所出《道德經》鈔卷之多，蓋寫經為當時傳授經戒必經之手續也。景龍三年鈔《德經》卷，中言：弟子唐真戒年十七歲，賷信誓心，詣三洞法師北岳先生閻，求受《道德》五千文《經》，脩行供養。（影本載《敦煌祕籍留真新編》）可為具體說明。卷尾又有十戒經，亦唐真戒所受，即所謂「戒文」。故合《道德經》與戒文謂之「經戒」。索洞玄卷祇有《道經》上，故未見戒文。至云寫經不得漏誤，雖《儀注》如此，然驗諸敦煌所出諸本，間有小差違者，殆因寫手之筆誤及各道觀師傳經本之微異耳。

八 《想爾注》與《太平經》

《想爾注》屢言及「太平」二字。如第十章：「治國令太平，當精心鑿道意。」第十九章：「佐君不能致太平。」第二十八章：「官長治人，能致太平。」第三十章：「務在行道，道普德溢，太平至矣。」第三十五章：「上聖之君，師道至行，以教化天下；如治，太平符瑞，皆感人功所積致之者。」凡五言「太平」。「太平」者，《太平經》甲部云：「澄清大亂，功高德正，故號太平，若此法流行，即是太平之時。」（《雲笈七籤》六引。今《道經》七四六冊《太平經鈔》甲部無此文。惟《鈔》丙部云：「太者，大也，言其積大如天，無有大于天者；平者，言治，太平均，凡事悉治，無復不平。」《鈔》癸部云：「太者，大也，大者天地能覆育萬物其功最大；平者，地也，地平然能養育萬物。」）《漢書．東方朔傳》：「陳《泰階六符》，以觀天變。」應劭《注》引黃帝《泰階六符經》謂：「三階平，則陰陽和，風雨時，社稷神祇咸獲其宜，天下大安，是為太平。」（《泰階六符經》有馬國翰輯本）此「太平」之義，原于秦漢間所傳黃帝書也。至成帝時，齊人甘忠可詐造《天官歷包元太平經》十二卷，哀帝遂以建平二年改號陳聖劉太平皇帝以應之（見《漢書．李尋傳》）。東漢順帝時，瑯琊宮崇上其師于吉神書百七十卷〔一〕，號《太平清領書》（見《襄楷傳》）。《太平經》殘本，現存《道藏》太平部〔二〕，其後張角頗有其書，因倡「太平道」（太平道一名見《太平經鈔》辛部：「太平道」，其文約，其國富，天之命，身之寶。）均取「太平」以為名。參看日本福康井順《原始道教の基礎的研究》）。《想爾》此注，其義實多因《太平經》之說，故屢提及「太平」字眼，而《太平經》與天師道相同之點，若禁酒，順時令、義舍、懺悔等，近人已論之（見傅勤家《道教史》七二頁）。今《太平經》亦見「天師」、「天師道」諸名〔三〕，足見《太平經》與天師道關係之深切。

《太平經》言「守一」「中和」「合五行」，《想爾》每取以為說。又其釋「天道好還」，頗近《太平經》「承負」之義。《太平經鈔》庚部謂：「惟上古得道之人，當昇之時，傳在中極，中極一名崑崙。」（又見《太平經》卷一百十第九頁）而《想爾注》：「一者，道也；一，散形為氣，聚形為太上老君，常治崑崙。」其說亦合。《想爾》屢言「行道真，却邪僞」，《太平經》每見此類之語（如《經鈔》己十七頁）。又《想爾》釋「安平太，樂與珥，過客止」句，獨異他家，而參天變之說，猶是黃帝《泰階》之遺意。張陵所定《天官章本》千有二百，亦與甘忠可《太平經》取名「天官歷」同符，凡此皆張陵思想與《太平經》淵源深厚之明徵。其他義旨之相涉尚多，具見箋證。湯錫予曰：「《太平經》者，上接黃老圖讖之道術，下啟張角、張陵之鬼教。」其說良信。道教之創立，其淵源頗遠，而實以《太平經》為其理論之中心。既目孔子儒書為邪說，而其本身原無經典，乃借《老子》五千文為之。使《道德經》與《太平經》治而為一，以別樹教義，具見苦心所在。《想爾》此注，大部分即以《太平經》解《老子》，故與韓非以來說《老》者，截然異趣。由今觀之，其義固多牽彊傳會，然道教原始思想之本質，及其與《老子》書關係之一斑，可以概見。此自來言中國學術史者，多未盡解，賴《想爾注》之出現，獲窺其祕，不可謂非一快事也。章太炎《葑漢微言》云：「今之河上公《注》，劉子玄已徵其僞。竊意漢人述作，質厚有餘，眇義固非盡解。及張魯《想余》之注作，黃巾依以為名」。彼蓋依陸氏《釋文》，故目《想爾》為魯作，惜乎未及覩此寫卷，以明其與《太平經》之關係耳。

〔一〕「于吉」名見襄楷傳，或作「干室」「千室」「干吉」。敦煌本《老子開題》云：「赧王時，授干室《太平經》並《百八十戒》，治國治身脩養要訣。」《廣弘明集．辨正論》卷六「赧王之世，千室以疾病致感，老君授《百八十戒》，並《太平經》一百七十篇」。「千」字乃「干」之誤。《雲笈七籤》一《三洞經教四輔》條引《百八十戒》云：「是周赧王時，老君于蜀郡臨卭縣授于瑯琊干吉。」《三國志．吳志．孫策傳》裴《注》引晉虞溥《江表傳》稱「道士瑯琊干吉」。又引虞喜《志林》：「順帝時，瑯琊宮崇詣闕上師干吉所得神書。」合上列各書，似以作「干吉」為是。

〔二〕《太平經》即干吉之《太平青領書》。《神仙傳》十《宮崇傳》：「天仙授吉青縑朱字《太平經》十部。」《御覽》卷六百七十三道部引《仙經》下云：「《像天地品》曰：後漢順帝時，曲陽泉上得《神仙經》一百卷，內七十卷，皆白素朱界青標朱書，號曰『太平青道』。」然《後漢書．襄楷傳》云：「琅邪宮崇詣闕，上其師于吉于曲陽泉水上所得神書百七十卷，號《太平清領書》。其言以陰陽五行為宗，而多巫覡雜語。」章懷《注》：「神書即今道家《太平經》也。其經以甲、乙、丙、丁、戊、己、庚、辛、壬、癸為部，每部一十七卷也。」《宋史．藝文志》：「襄楷《太平經》一百七十卷。」《抱朴子．遐覽篇》有「太平經」五十卷」。又「《甲乙經》一百七十卷」（《仙苑編珠》亦言一百七十卷）。賈善翔《猶龍傳》云：「今于正經外，又有《複文》一卷，稱後聖君撰，又有《太平鈔》十卷，不著撰人名氏，大略發明本經篇目。又有《太平祕旨》一卷，稱上相青童君授，論守一之法。」按今各書俱在正統《道藏》太平部中第七百四六、七百四七册，即《經鈔》甲至癸。自第七百四八至七百五十五册，為《太平經》；從卷三十五起迄卷一百一十九止上缺，殘存共五十七卷，《複文》及《祕旨》並在第七百五十五册下半。《太平經》自漢後流傳，梁時有東海桓闓曾得一部，陶弘景謂為干君真本。陳宣帝時，道士周智響善《太平經》，常自講習，時號「太平法師」。並詳《三洞珠囊》引《道學傳》。《經鈔》乃唐閭丘方遠節錄《太平經》而成。今以《鈔》校《經》，多相符合；惟《鈔》甲部可疑，餘經雖不免有後人更寫增竄，大體仍為漢代舊本。參中研院《史語所集刊》第十八本王明《論太平經甲部之譌》一文。

〔三〕如《太平經鈔》丙：「天師書辭，常有上皇太平炁且至。」《鈔》己云「請問天師之書，乃拘校天地開闢已來，前後賢聖河洛圖書神文，下及凡民之辭」。（又見《太平經》九十一《拘校三古文法》）《太平經》卷四十：「願得天師道傳弟子，付歸有德之君能用者。今陰陽各得其所，天下諸承負之大病，莫不悉愈者也。」（《道藏》七百四八册）其他尚多，不具舉。

九 《想爾注》佚文補

敦煌出《想爾》此注，首章「道可道」缺。考《廣弘明集》卷十三釋法琳《辨正論．外論》云：「尋漢安元年，歲在壬午，道士張陵分別《黃書》云：『男女有和合之法，三五七九交接之道，其道真決，在於丹田。丹田，玉門也，唯以禁祕為急，不許涉於道路。道路，溺孔也。呼為師友父母臭根之名。』又云：『女兒未嫁者，十四已上有決明之道。』故注五千文云：『道可道者，謂朝食美也；非常道者，謂暮成屎也。兩者同出而異名，謂人根出溺，溺出精也。玄之又玄者，謂鼻與口也。』陵美此術，子孫三世相繼行之。」茲數語乖謬可笑，惟當為《想爾注》第一章中文字，可據以補佚。

十　張道陵著述考

《魏書・釋老志》云：「張陵受道于鵠鳴，其書多有禁祕，非其徒不得輒觀。至于化金銷玉，行符敕水，奇方妙術，萬等千條，上云羽化飛天，次稱消災滅禍，故好異者，往往而尊事之。」蓋其著述隱祕，不可悉考。《雲笈七籤》六謂：「陵自言太上老君親授四經于己。一曰《太清》，二曰《太平》，三曰《太玄》，四曰《正一》。」惟此乃後出道書，踵事增華，而託始于陵者。史籍所載，陵之著述，除《想爾老子注》外，尚有下列各種：

《道書》

《華陽國志・漢中志》：「漢末沛國張陵學道于蜀鶴鳴山，作《道書》。」（按鶴鳴山一作「鵠」，北周《無上祕要》二十三引《正一炁治圖》云：「鶴鳴山上應氐宿，其山與青城天國山相連。」《雲笈七籤》六謂「其山去成都二百里，在蜀郡臨邛縣界。」）《太平廣記》引《神仙傳》：「張道陵本太學書生，博通五經，著《道書》二十四篇。」《法苑珠林》六十九「妄傳邪教」條：「後漢時張陵造《靈寶經》及章醮等道書二十四卷。」則「篇」作「卷」，略異。

又稱「符書」。《魏志》言：「陵造作《道書》。」《後漢書》則云：「造作《符書》。」甄鸞《笑道論》：

「張魯祖父陵，桓帝時造《符書》。」（「道經末出言出」條）《隋志》道經敍錄：「籙皆素書，紀諸天曹官屬佐吏之名。又有諸符，錯在其間，文章詭怪，世所不識。」故後人目張陵為道教之符籙派（見馬端臨《文獻通考》論道教源流）。

《靈寶》

道安《二教論》「明典真僞」云：「《靈寶》創自張陵，吳赤烏之年始出。」《笑道論》說同。如《珠林》所言，則《靈寶》為道書之一。

《天官章本》

《釋老志》云：「陵因傳《天官章本》千有二百，弟子相授，其事大行。齋祀跪拜，各有成法。于是三元九府百二十官，一切諸神咸所統攝。」劉勰《滅惑論》：「陵魯醮事章符，設教五斗，欲拯三界。」《道藏太平部》（七八一）唐王懸河《三洞珠囊》云：「天師一千二百《官章》。」又《洞玄部》（一九三）陶弘景《登真隱訣》下「章符」條云：「今所應上章，當依千二百官儀。」宋呂元素

《道門定制》（在正乙部）云：「按太上千二百《官章》，並正一真人（即道陵）所授南岳魏夫人治病制鬼之法。」按此即所謂「章醮」者，如《珠林》言。亦屬道書之一。（日本福井康順有《〈天官章本〉千有二百考》，甚詳盡。）

《黃書》

道安《二教論》「含氣釋罪」條下注：「（陵）妄造《黃書》，呪癩無端，乃開命門，抱真人嬰兒，迴龍虎戲。備如《黃書》所說，三五七九，天羅地網，士女溷漫。」甄鸞《笑道論》「道士合氣」條亦引《黃書》合氣說。又釋法琳《辨正論》：「尋漢安元年，歲在壬午，道士張陵分別《黃書》云：男女有和合之法。」（語見上《想爾佚文》條）《釋老志》記寇謙之清整道教，除去三張僞法，租米錢稅及男女合氣之術。按陶弘景《真誥》于《黃書》記之頗詳。《甄命授》云：「（裴）君曰道有《黃書》《赤界》長生之要。」又云：「《黃書》世多有之，然亦是祕道之事。」注云：「天師所名，而布其化。此所云《黃書赤界三一經》。」又《真誥·運象篇》：「清虛真人授書曰：黃赤之道，混氣之法，是張陵受教施化，為種子之一術耳，非真人之事也。（中略）色觀謂之黃、赤，上道謂之隱書。」又：「紫微夫人授書曰，夫《黃書》《赤界》，雖長生之祕要，實得生之下術也。」對于《黃書》，多有微詞。

存疑十種

《中山玉櫃神氣訣》一卷

鄭樵《通志·藝文略》著錄。按《抱朴子·遐覽篇》所列道書有天師《神器（原注「器」一作「氣」）經》一卷，與此未審有無關係。惟《雲笈七籤》庚申部引《中山玉櫃經服氣消三蟲訣》，論食穀則三蟲聚，三蟲即腹中三尸，伐人三命者。《太平經》卷九二《洞極上平氣無蟲重複字訣》亦詳其說，則其書似在《洞極經》中。

《剛子丹訣》一卷

《神仙得道靈藥經》一卷

《峨嵋山神異記》三卷

以上俱《通志·藝文略》著錄，疑僞託。

《太上玄靈北斗本命延生真經》

白雲霽《道藏目錄洞神部》云：「桓帝永壽元年正月七日，太上降蜀臨邛，授天師張道陵《北斗延生經》一卷。上則有飛神金闕，中則有保國寧家，次則有延齡益壽，祈禱災福，養生之訣。」今書在正统《道藏》洞神部玉訣類，玄陽子徐道齡集注（第五二七至五二九冊、每見輪迴眾生等釋氏用語。

《太上說東斗主算護名妙經》

白氏《道藏目錄》云：「太上老君為天師說。」

《太上說西斗記名護妙經》

白氏《道藏目錄》云：「永壽二年正月二日，太上降蜀為天師說。」

《太上說中斗大魁保命妙經》

《道藏目錄》云：「太上于永壽中興年與正一真人敷說。」

按右書今在《道藏》中，當為後人增益之作。張心澂《僞書通考》：「道陵自著《道書》，僞託老子等降授。《神仙傳》已明言之。時無所謂北斗延生之說，則又晉以後道家僞託。」然考《抱朴子·登涉篇》云：「以甲寅日，丹書白素，夜置案中，向北斗祭之，辟山川百鬼萬精。」是祭北斗事，晉以前應有之。《魏書·崔浩傳》：「浩剪爪截髮，夜在庭中，仰禱斗極，以延父命。」此即北斗延生之術。疑浩受之寇謙之，而謙之又傳自天師道者也。《道藏》又有《太上說南斗六司延壽度人妙經》，《目錄》謂為永壽元年，老君為張道陵弟子左玄真人王長右玄真人趙昇演說。亦未可信。惟《郡齋讀書志》謂：「《度人經》，唐《志》有其目，古書也。」賈善翔《猶龍傳》亦引是經，趙宋有《北斗經》、《南斗經》、元時已燬。又《道藏》洞真部威儀類，有《北斗本命延壽燈儀》、《南斗延壽燈儀》，佛藏密教亦有《北斗七星延命經》，唐婆羅門譯。陳寅恪謂此道家禳禱之術，乃源于天竺者（見《天師道與濱海地域之關係》一文），說未必然。今觀《抱朴子》已言之，則其淵源之古，可概見矣。

《太上三天正法經》一卷

《茅山志》九有《上清三天正法經》、《三天正法籙》。今在《道藏正乙部》。《雲笈七籤》云：「張道陵精思西山，太上親降，漢安元年五月一日授以『三天正法』命為天師。又授正一科術要道法文。其年七月七日又授《正一盟威妙經》三業六通之訣，重為三天法師正一真人。」即《神仙傳》所謂「授陵以新出正一明威之道，陵受之，能治病」者。今《道藏》正乙部有《太上正一呪鬼經》、《太上正一法文經》、《太上三五正一盟威籙》、《太上正一延生保命籙》等等，即張陵一派所傳經籙也。

《太平洞極經》

《太平經鈔》己部十四：「名為『皇天洞極』，政事之文也，然後天地病一悉除去也。」《道教義樞》七部義云：「按《正一經》云：『有《太平洞極之經》一百四十四卷。此經並盛明治道，證果修因，禁忌（本作惡，據《雲笈七籤》卷六校正）眾術也。』其《洞極經》者，按《正一經》，漢安（順帝年號）元年，太上親受天師，流傳茲日。」今本《太平經鈔》己部庚部，《太平經》卷四十一、卷八十八、卷九十一、九十二皆詮《洞極經》。其經義多存《太平經》中。

附錄二種

《二十四治圖》

《路史・九頭紀》羅苹注引之。曾樸《補後漢書藝文志》著錄，以為張陵撰。考《雲笈七籤》二十八：「按張天師《二十四治圖》云：『太上以漢安二年正月七日中時下二十四治，上八治，中八治，下八治，應天二十四氣，合二十八宿，以付天師張道陵，奉行布化。』」題為張天師作。《崇文總目》、《通志略》道書類有正一真人《二十四治圖》一卷，唐道士令狐見堯撰。則此圖未必為陵自作。二十四治名，見《雲笈七籤》六及陳國符《道藏劄記》中「道觀考源」條。「治」字義，詳惲敬《大雲山房文稿》初集《真人府印說》。

《張陵別傳》

見《法苑珠林》六十九「道教敬神」條，引道士《張陵別傳》云：「陵在鵠鳴山中，供養金像，轉讀佛經。」按《魏書・釋老志》亦言：「陵又稱劫數，頗竊佛經。」陵說多依《太平經》立義，而《太平經》間取佛教之說，知魏收之言非妄。

附　別字記

《想爾注》寫卷，頗多別字。有同于漢碑者：

䰢魁　同《石門頌》。

窂牢　同《史晨碑》。

𢭃短　同《韓仁銘》。

欶報　同漢《白石神君碑》。

㬎顯　漢《魯峻碑》陰作《㬎》。

自餘多同于魏、齊造像及墓誌：

煞殺　同魏《楊宣碑》。

咲笑　同魏《寇憑墓誌》。

萁蒻　同魏《涼州刺史元維墓誌》，按同卷又作「葛」、「芍」。

筭算　魏《小劍戍主元平墓誌》作「筭」。齊《李清為李希宗造像》作「筭」。

㑴侵　魏《張玄墓誌》「寑」作「㝲」，偏旁略同。

輜輜　魏《帥僧達造像》「菑」作「菑」，魏《司空穆泰墓誌》「淄」做「湽」，魏《馬鳴寺碑》「緇」作「緇」，偏旁並同。

䘮 喪 魏《巨始光造像》作「䘮」。

蚤 蚤 同《李清為李希宗造像》。

躰 體 同齊《宋敬業造像》。

㣲 微 同齊《道興造像》及《齊董逢達造像記》。

竸 競 同魏《根法師碑》、龍門北魏景明三年《惠成造像》。

面 血 同魏《張猛龍碑》。

婁 妻 同魏《司馬景和妻墓誌》。

姜 美 关 美 魏《汝陽王元睟墓誌》作「羙」，隋《仲思那碑》作「姜」。

貇 貌 同魏《陽城洪懋造像》。

佉 徒 魏《慈香造像》作「佉」。

蓺 藝 同魏《汶山侯吐谷渾璣墓誌》。

台 邑 同魏《孔羡碑》。

京 寡 同魏《司馬景和妻墓誌》。

壹 臺 同魏《恆州刺史元譓墓誌》。

臺 臺 魏《程哲碑》作「臺」，魏《章武王妃盧墓誌》作「臺」。

寘 冥 魏《李超墓誌》作「寘」。

号 號 同魏《司空穆泰墓誌》。

尤 左 同齊《諸葛始興造像》。

魚魚　同魏《張玄墓誌》。

徑徑　齊《高叡修寺碑》作「徑」，齊《李清為李希宗造像》作「徑」。

凡瓦　同齊《道興造像》。

耶邪　齊《法懃禪師塔誌》作「耶」。

真慎　同齊《平州刺史司馬夫人造像》。

茍苟　狗　齊《道興造像》「狗」作「狗」，偏旁同。

腦腦　魏永平三年《法行造像》「惱」作「惚」，偏旁同。

柔柔　魏《弔比干文》作「柔」。

託託　魏《杜文雅造像》作「訖」。

坑坑　魏《元公夫人薛氏墓誌》「伉」作「伉」，偏旁同。

賤賤　同魏《皇甫驎碑志》。

間有同于隋碑者：

仝全　同隋《宋永貴墓誌》。

望望　同隋《李則墓誌》。

富富　同隋《阮景暉造像》。

淵淵　同隋《劉淵墓誌》。

演演　同隋《首山舍利塔記》，又齊《劉碑造像》作「演」。

上舉別字，據羅振鋆《碑別字》及日本水野清一《龍門石刻錄異字》（載《龍門石刻之研究》）二書勘校，著其互同者，以備研治字學之助。卷中別體多與魏齊碑刻合，知其出于北朝人手筆。《魏書·釋老志》言：「道士寇謙之少修張魯之術。」則此注在北魏時，必甚通行，而傳寫者眾，其能保存于敦煌石窟，非偶然矣。

跋

敦煌千佛洞舊藏卷子《想爾老子注》，為道教寶典，向未有人研究。吾師饒宗頤先生據唐玄宗杜光庭說，定為張天師道陵所作。復為之考證，知其說多與漢代《太平經》義同符；而間有竊取河上公《注》者。于是道教原始思想之淵源與脈絡，燦然大明。其中奇辭奧旨，先生多所抉發；餘如考證張陵之著述，亦復詳極原委，可補前史之不逮，誠老學之功臣也。余暇嗜讀《老子》書，深慨古注之存于今者，祗河上公及王弼二家，餘多不傳。今《想爾注》，賴敦煌石室之保存，得重顯于世，惜世知之者少！余乃斥資授梓，以廣其傳，為研治五千文與道教史者之一助。是卷出六朝人手筆，嚴整挺秀，當為愛好書法者所共寶云。乙未嘉平，方繼仁跋。

附篇

想爾九戒與三合義

——兼評新刊太平經合校

丙申春，予撰《敦煌本老子想爾注校箋》，既刊行，海外學人，頗不以為謬。若楊聯陞、陳世驤、嚴靈峯與日本吉岡義豐、大淵忍爾諸教授，均曾惠予討論。《想爾》之書，成于東漢之季，殆無異議。（參大淵忍爾《老子道德經序訣の成立》，《東洋學報》第四十二卷第一、二號及氏著《敦煌道經目錄》第五四頁）。比年涉獵道書，間有疏記，略為詮次，草成此篇，以補前著之不逮。文中資料，取自列斯坦因目四二二六敦煌本《太平經目錄》殘卷，故于王明新著《太平經合校》一書，欲略加評騭。嗣見吉岡義豐氏有《敦煌本太平經について》一文，已先我為之（載東京大學東洋文化研究所出版《東洋文化研究所紀要》第二十二冊，故不多及，玆略舉數端，論之如次：

（一）《想爾・九戒》

孟安排《道教義樞》卷二（第二十）云〔一〕：

戒律者，戒止也，法善也，止者，止惡心口，為誓不作惡也。戒之為義，又有詳略焉。詳者，太清道本无量法門百二十九條……是也。略者，道民三戒，錄生五戒，祭酒八戒，想爾九戒，智慧上品十戒，明真二十四戒之例是也。

大孟所舉道教諸戒，其《錄生五戒》又見于《三洞奉洞科戒營始》。《智慧上品十戒》〔二〕，《明真二十四戒》，俱見正統《道藏》洞真部誡律類（雨字上第七七冊）。至《想爾·九戒》，原文見《太上老君經律》（《道藏》第五六二冊）前題「道德尊經想爾戒」。文云：

行無為，行柔弱，行守雌，勿先動。（原注：「此上最三行」）

行無名，行清靜，行諸善。（原注：「此中最三行」）

行無欲，行知止足，行推讓。（原注：「此下最三行」）

後有按語云：「此九行，二篇八十一章。集會為道舍，尊卑同科。備上行者神仙，六行者倍壽，三行者增年不橫夭」。是九行者，即大孟所謂《想爾·九戒》也。《太上老君經律》題目云：「《道德尊經戒》，九行二十七戒。」其下分小題二：一為《道德尊經·想爾戒》，一為《道德尊經戒》。前者即九行，後者即二十七戒，畫分甚明。其云：「二篇八十一章。」則指《道德（經）》上下篇。又同書《太上經戒》，末為《老君二十七戒》，乃包括九行及二十七戒，與上所舉者同；惟九行文字有微異者，如中三行「清靜」，此作「清淨」，下三行「行無欲」，此作「行忠孝」；「行知止足」，此作「行知足」，脫一「止」字〔三〕。且以二十七戒統攝九行，似出後來訛誤。陳世驤先生謂：「此九行二十七戒，既與《想爾經注》吻合，且行戒詞句簡質，今與寫卷相較，亦俱瞭然。則此『行戒』與《想爾經注》當俱為一事。」〔四〕其意以為：「《想爾經注》為戒之所出。」按《想爾經注》屢言「奉道誡」、「守道誡」，為數逾二十章，可知道誡自是另一事。《想爾訓》與《想爾戒》，其教義俱自《道德經》出，故于經注稱曰：「道經上想爾（訓）。」于戒則稱曰：「道德尊經想爾戒。」借佛家三藏之例論之，《道經》是經，《想爾（訓）》是論，而《想爾戒》則是律也。今據《道教義樞》所記，則此題「想爾誡」者，適為九行，當即《想爾九戒》。故《想爾戒》其初恐只有九戒，不必包括二十七戒。《想爾．九戒》乃天師道早期之戒條，即自《道德經》攝取要義而成，尚無滲入佛家戒律之痕迹。與《知慧十戒》之言及轉輪聖王，《二十四門戒》之侈陳地獄，迥異其趣矣。

（二）「想爾」釋義

「想爾」是書名而非人名，楊蓮生先生已論之。《正一法文天師教戒經》云：「道使末嗣，分氣治民漢中四十餘年。道禁真正之无神仙之說。道所施行，何以《想爾》（空四字）《妙真》、《三靈》七言，復不真正，而故謂道欺人，哀哉可傷！」《妙真》即《妙真經》〔五〕。《三靈》七言即《黃庭》。《正一法文天師教誡科經》云（洞神部力下五六三冊）：

> 《妙真》自吾所作，《黃庭三靈》七言皆訓喻。本經為道德之光華。道不欲指形而名之，賢者見一知萬，譬如識音者，道在一身之中，豈在他人乎？

《想爾》與《沙真》（《黃庭》）、《三靈》相提並論，其為書名可知。《三靈》而稱七言者，考「七言」詩體，肇于東漢，傅玄《擬四愁詩序》云：「昔張平子作《四愁詩》，體小而俗，七言類也。」影響所及，故其時道教徒亦作七言，以闡教義。「七言」之例，如：

（一）河南鞏縣石窟發現石刻：「詩說七言甚無忘（妄），多負官錢石上作。……」（拓本見一九七七年《考古》第四期二百七十八頁，以字體及官名掾史及蘭臺令史為例，當為東漢作品）

（二）《太平經》中之七言詩如《師策文》：「吾字十一明為止，丙午丁巳為祖始。……」（《太平經合校》三十八卷六十二頁）

敦煌本老子《道經》下題曰「想爾」，或稱「想爾注」者：伯希和目列二三三七號《三洞奉道科誡儀範法次儀品》第三云：

《老子道德經》二弓（應即弓字）　《河上真人注上下引》二弓　《想爾注》二弓　《五千文朝儀》一弓　《雜說》一弓　《關令內傳》一弓　《誡文》一弓

右受稱高玄弟子。（按亦見道藏本儀字下第七六一冊，參吉岡義豐《道教經典史論》三二〇頁）

此可與《傳授經誡儀注訣》（《道藏》楹字號九八九冊）所記授經序次參照。

「想爾」二字之義，頗難索解。《太上經戒》論淫戒最難（《道藏》五六二冊）云：

一人曰：「餘戒悉易，淫戒最難斷。所以爾者，我曾履斯事。……雖苦加抑迮，不覺已爾，每每如此，是知最難。」化人曰：「色者是想爾，想悉是空，何有色耶？何先自觀身，知身無寄，便知無色，何可不忍。」

此晚出滲入釋氏之說，「想悉是空」，比之言「色即是空」更進一步。《道教義樞》卷四云：

五識則為心根，能生想，志于心，故名根也。徐法師云：「六根之法，並因五常四大所成。若爾，彼師所有方寸為心根，又以五臟為內根。」

此析「想」出心根，亦後出之義。東漢人每言「存想」，邊韶《老子銘》云：

規矩三光，四靈在旁，存想丹田，太一紫房。

「存想」又作「存思」，《太平經》卷七十八為「入室存思圖訣」；卷八十四為「大人存思六甲圖」，《想爾注》「濁以靜之徐清」下注云：

人法天地，故不得燥處。常清靜為務，晨暮露上下，人身氣亦布至，師設晨暮清靜為大要，故雖天地有失，為人為誡，輒能自反，還歸道素。人德不及，若其有失，遂去不顧，致當自約持也。

此即務靜約持之說，入室存思，或指是乎？

陳世驤先生云：

《真誥》卷十八言有「靜室法」，俱謂「閉氣存想」或「存想入室」，則「功曹使者，龍虎真君，可與見語」。且並云是「漢中法」，則源出張修所傳「靜室」明甚。……若然，則或張魯託言入靜室「存想」見神，以注《老子》，而名其注曰「想爾」也。（《清華學報》新一卷第二期五〇頁）

其說可備一解。

「想爾」二字，斯坦因敦煌目卷四二二六則作「相爾」，省去心旁，借「相」為「想」。按敦煌唐寫本佛經，「相」「想」兩字互通，為習見之例。

《想爾注》「抱一能無離」下注云：

> 分佈道誡教人，守誡不違，即為守一矣。不行其誡，即為失一也。世間常僞伎指五藏以名一，瞑目思想，欲從求福，非也。去生遂遠矣。

此斥一般僅閉目存想，而不守誡者為僞伎，必修道與誡，雙管齊下，故守誡即是守一。其所以有《想爾訓》，復有《想爾誡》者，其理在此。

（三）《想爾》與《太平經》三合義

余前論想爾思想與《太平經》關係之深切，粗發其凡。按倫敦所藏斯坦因列四二二六卷子前有一段文云：

……順帝之時，弟子宮崇，詣闕上書，言：「師干吉所得《神經》于曲陽泉上，朱界青首，百有餘弓。謂為妖訛，遂不信用。帝君不脩太平，其自下潛習，以待後會。賢才君子，密以相傳，而世僞人耶（邪），多生因假，矯詭肆愚，疵妨正典。《想爾》云：『世多耶（邪）巧，託稱道云。』千端萬伎，朱紫磬響。故記三合以別真，上下二篇法陰陽。復出《青領太平文》，雜說眾要，解童蒙心；復出五斗米道，備三合，道成契畢，數備三道。雖萬惡猶紛騎公行，私竊號之正目，事乖真實，師之所除。《玄妙內篇》云……

此唐人所傳《太平經》之卷前語，文中櫽括《想爾》句，謂「世多邪巧託稱道云」。考《想爾注》「知慧出有大僞」下云：

真道藏，邪文出，世間常僞技稱道教，皆為大僞，不可用。何謂邪文？其五經半入邪，其五經以外，眾書傳記，尸人所作，悉邪耳。

又「事善能」下云：

人等當欲事師，當求善能知真道者，不當事邪僞伎巧，邪知驕奢也。

又云：

今世間僞技，因緣真文設詐巧。

又「絕聖棄知」下云：

謂詐聖知邪文者。……故令千百歲大聖，演真滌除邪文，令人无狀，裁通經藝，未貫道真，便自稱聖。……

類此之語，不一而足。

王重民《敦煌古籍敍錄》（頁二三五）引《太平部・相爾》自「世多耶巧」至「解童蒙心」一段，謂頗似《道德經・想爾注》序文。今按原文言：「復（王氏誤為「後」字）出《青領太平文》」，又云：「復出五斗米道」云云。審上下文氣，應是《太平經目錄》卷前語，所引《相爾》語乃出于櫽括，恐僅至「託稱道云」句而止，古書不標引號，斷讀至難，此亦一例。

文中云：「復出五斗米道，備三合，……」考《太平經》卷四十八有「三合相通訣」謂包裹元氣自然天地，凡事三合相通，並力同心，乃有所成。《太平經鈔》丙云：

氣者，乃言天氣悅喜下生，地氣順喜上養。氣之法，行于天下地上，陰陽相得，交而為和，與中和氣三合，共養凡物，三氣想愛相通，無復有害者。太者，大也；平者，正也；氣者，主養以通和也。得此以治，太平而和，且大正也，故言太平氣至也。（王本合校一四八頁）

《太平經》同卷又云：

共生和，三事常相通，並力同心，共治一職，共成一事，如不足一事便凶。故有陽無陰不能獨生，治亦絕滅；有陰無陽，亦不能獨生，治亦絕滅。有陰有陽而無和，不能傳其類，亦絕滅。（王本合校一四九頁）

三合之義，自是出于《老子》「萬物負陰而抱陽，沖氣以為和」一說，而加以引申。而「三合」二字，則首見于《楚辭．天問》云：

陰陽三合，何本何化？

《穀梁傳》莊三年云：

獨陰不生，獨陽不生，三合然後生。

范寧《集解》引徐邈，即以上引《老子》語釋之。而楊士勛疏云：

陰能成物，陽能成物，天能養物，而總云生者，凡萬物初生，必須三氣合，四時和，然後得生，不是獨陽能生也。但既生之後，始分繫三氣耳。

由是知陰陽三合之說，戰國西漢已盛行。《太平經》即本此義而發揮之。如：

卷第十一為「和合陰陽法」。（見S本《太平經目》，《道藏》本缺）

卷第三十一為「和三氣興帝王法」。（S本作「和三五」，恐誤）

卷第四十八為「三合相通訣」。

《太平經鈔》乙部分析元氣有三名，即太陽太陰中和，而中和尤貴。《想爾訓》于《老子》「不如守中」下注：

不如學生，守中和之道。

又「道沖而用乏」下注：

道貴中和，當中和行之。

並本《太平經》義。惜甘忠可之《太平經》原本，不可復考。今觀敦煌所出此《太平經》卷前語，謂《相（想）爾》之書「記三合以別真。上下二篇法陰陽」，其後「復出《青領太平文》」「復出五斗米道，備三合」，是干吉、宮崇之書，與《想爾》之理論，固息息相關，而「三合」之義，尤為天師道教理之精髓，近世言道教史者罕能及之，故為揭櫫如上。至其云「上下二篇法陰陽」，蓋指分《老子》全書為《道經》上、《德經》下，敦煌卷《想爾注》正如此。具見《道德經》分為上下，自東漢已然，此中正有其教理之根據也。

（四）附論：《太平經》原本目錄

敦煌此《太平經》殘卷言「案上清清約，无為佛道，眾聖大師，各有本經，干氏（指干吉）本部，自甲之癸，分為十袠，百七十卷。玄文宕博，妙旨深長，品次源流，條詔如左。」下即列《太平經部》，袠第一至第十全目。自甲部至癸部，每部十七卷，而總結之云：

右十部一百七十卷，三百六十六篇，又小字記「乙第二云：人三百六十脈，脈一精，精一神，思神至，成道人。」

蓋全十部共三百六十六篇，乃法人身脈數，每卷之下，篇數不一。案正統九年修《道藏》所收《太平經》為現存唯一本子，惜殘缺不全；僅存五十七卷，甲乙辛壬癸五部全佚。而唐閭丘方遠節錄之《太平經鈔》甲部，僅七葉又半，近人已揭其為贗品〔六〕。《弘明集》一《牟子理惑論》：「神書百七十卷。」《襄楷傳》章懷太子注稱：「《神書》即今道家之《太平經》也。其經以甲乙丙丁戊己庚辛壬癸為部，每部一十七卷。」與此卷目錄全符。《太平經》原貌，本不可後覩，今得此卷子，于《太平經》每卷之下，詳細開列各篇名次，粗可窺其梗概。

近刊王明所撰《太平經合校》，蓋據《太平經》、《太平經聖君祕旨》及《三洞珠囊》等書（見該書引用書目）輯錄，分「並」「附」「補」「存」四例編訂，用力至勤。惜于敦煌此卷，未曾寓目，故于全經卷第篇名，未能得其要領。又每卷諸多闕題，卷一至卷十仍用《太平經鈔》甲部之文，復錄「太平金闕帝晨後聖帝君師輔歷紀歲次平氣去來兆候賢聖功行種民定法本起」二行，注云：「疑係題目。」按《太平經》篇名，大都稱「法」或「訣」，此一不倫不類之題目，自不可信。況《雲笈七籤》卷四十九《九經所明三一圖表》中，于「太平三一」已言及「出第一卷《自占盛衰法》。」今覈敦煌此卷目錄，《太平經》卷第一下正題「自古盛衰法第一」，與《七籤》相符，惟「占」字誤作「古」耳。一九六三年，在敦煌古寫本殘葉中，發見《道要靈祇鬼神品經》十五行，即《太平經》殘文〔七〕。餘詳吉岡義豐文，不復贅。

〔一〕《道教義樞》十卷，影印正統《道藏》諸字號第七六二、七六三冊，題青溪道士孟安排集。杜光庭《道德真經廣聖義序》稱為「梁道士，號大孟」。著作年代詳吉岡義豐著《道教與佛教》第一第二章。

〔二〕《上品十戒》，今正統《藏》「太上洞真智慧上品大誡」，為元始天尊以開皇元年七月一日，授與太上道君之「智慧上品大誡法文」。《明真二十四戒》，則原稱《太極真人說二十四門戒經》，雜以佛家地獄之說。

〔三〕陳世驤謂當作「行知止足」，甚是。

〔四〕見《清華學報》新一卷第二期，一九五七年。

〔五〕《无上祕要》（《太平部》上七六八冊）引《妙真經》。詳楊聯陞《老君音誦誡經校釋》，《史語所集刊》第二八本上。

〔六〕見王明《論太平經鈔甲部之僞》，《史語所集刊》第十八本。

〔七〕景本見《文物》一九六四年第八期第五十五頁。

老子想爾注續論

（一）引言

大英博物院所藏敦煌經卷，列S六八二五號，新編六七九八號（Giles目P.217）為《老子·道經》上。想爾卷前殘缺。凡五百餘行。注語與經本文連書，字體大小不分，不區章次。卷首及卷下既缺，全書面目，無由畢覩，誠憾事也。余于一九五六年嘗將該卷整理問世，同時陳世驤先生又撰《想爾殘卷論證》，刊于《清華學報》，頗引起學人之注意。聞巴黎大學中國學院道教史研究班，曾以拙著列為教材。並世通學，攻錯日多。日本道教學會第十八回大會，大淵忍爾先生于會中宣讀《想爾注の成立》論文〔一〕，力證《想爾》此書成立年代，應出于東漢末五斗米道天師之手，與拙說「天師道一家之學」相符。氏又撰《五斗米道の教法》，就《想爾》一書為中心，闡發幾無遺蘊矣。憶曩歲在北美，參加東方學者會議，開會之頃，晤福井康順博士，每見輒詢及此書。比年以來，略有一二新知，茲值博士七十大壽，徵文及于下走，因就所見，詮次成篇，寄呈求正，並以為博士壽。

（二）S六八二五原卷補記

是卷原狀〔二〕，L. Giles云："good MS. of 6th cent. Thin yellow paper, on a roller 30ft." 一九六六年夏，余在倫敦大英博物院，檢讀敦煌卷子，前後一閱月。《想爾》此卷，摩挲甚久，卷為染潢之黃紙，質極薄〔三〕，深墨書寫。間有塗改，如不敢求榮之「榮」字。卷背則用淡墨鈔寫佛經，為《大毗婆沙論》雜抄，《廣百論》第十卷，《瑜珈師地論》卷第卅八，《阿毗達磨發智論·見蘊》第八，《誠實論·六神通品》第一百九十七等。《想爾》卷之末段有暈跡，殆因被人于卷背用水墨漬濕使然。是《想爾》謄鈔在先，佛經書寫在後，甚為顯然。至于字體波磔點畫，極近北碑。莫高窟所出唐代內廷道經，雖多用黃紙，紙質無如是之薄，而字體均作虞褚及《龍飛經》一路，與此卷之近于龍門造像風格者，截然不類。故此寫卷當出北朝人手筆，絕非偽品。向來定為六世紀唐以前物，無庸置疑。

（三）孫思邈引《想爾戒》，又言想爾為仙人名

《雲笈七籤》三十三引孫思邈（五八一——六八二）〔四〕《攝養枕中方》云〔五〕：

《想爾》曰：「勿與人爭曲直。」當減人筭壽。若身不寧，反舌塞喉，嗽漏咽液無數，須臾即愈。道人疾，閉目內視，使心生火，以火燒身。今盡存之，使精神如髣髴，疾即

愈。若有痛處，皆存其火燒之祕驗。

原文《想爾》二字下有自注云「想爾蓋仙人名」一句，語出孫氏。按此與《想爾注》言「我仙士也」符合。《傳授經注訣》云：「係師得道，化道西蜀……託遘想爾，以訓初迴。」審其文義，似謂假託仙人想爾，而立此訓。託言遘遇，以神其事。《想爾注》中之「道」字，概作人格化看待。是以「想爾」假託為仙人名，自屬尋常之事。陸德明似視「想爾」為人名，其說實遠有所承。

《道藏》力字號上（三）《太上老君經律》第一為「道德尊經戒」，計九行〔六〕及二十七戒。其下最九戒中有云：

戒勿與人爭曲直，得諍，先避之。（下最第七）

此即孫氏《枕中方》所引之首句，是此二十七戒亦在《想爾戒》中。

《道藏》五七二冊（臨字上）有孫真人《攝養論》，又五七一冊（命字下）有孫思邈《存神鍊氣銘》。可略窺孫氏關于攝養意見之一斑。其言道人疾則閉目內視，仍是存想之法，蓋與《想爾戒》有密切關係，故引用之。

（四）《想爾》「九行」與《老君存想圖》

《雲笈七籤》四十三引《老君存思圖》十八篇，其中「坐朝存思」第十云：

凡（按「凡」字當作「九」）行者，亦存《想爾注》；三業在《盟威經》後。凡存思者，急宜憶之，故標出如左：

上最三行：行無為，行柔弱，行守雌勿先動。
中最三行：行無名，行清靜，行諸善。
下最三行：行無欲，行知止足，行推讓。
一者不殺，二者不盜，三者不淫。此三業屬身業。
一者不妄言，二者不綺語，三者不兩舌，四者不惡口。此四事屬口業。
一者不嫉妬，二者不瞋恚，三者不邪疑。此三事屬心業。
右九行，三業十事，存念驚恐，人思相干，皆速思之，危即安也。

《道藏》夙字上之《太上老君大存思注訣》，即是此書。其中「坐朝存思」，亦列九行及三業十事，與《七籤》所引全同。兩書互勘，《道藏》本作：

九行在《想爾注》前，三業在《明威經》後，存思者急宜憶之。

當依《道藏》本為是。《七籤》「凡行」及「九行」之誤，又奪一「前」字，致語意不明。可見《想爾》原本，九戒列于注之前。惜敦煌卷缺其開頭一段，末由參證。

《道德尊經戒》原分「九行」及「二十七戒」二項。其九行題曰《道德尊經想爾戒》，其「二十七戒」則題曰「道德尊經戒」，無「想爾」二字。道教徒止行之戒有詳略二種。略者，宋法師《十二部義》所舉，有：道民三戒，錄生五戒，祭酒八戒，想爾九戒，智慧上品十戒，明真二十四戒等例。《洞玄靈寶玄門大義》釋戒律第六（《道藏》七六〇冊儀字上）及《道教義樞》卷二十四《釋十二部義》（《道藏》七六三諸字下）所述文並相同。「九行者」，孟安排謂之《想爾九戒》，即所謂略戒者也。《道藏》力字號四為《太上經戒》，其中有總題曰《老君二十七戒》，實包括九行（惟不題「想爾」名）及上中下二十七戒。張萬福于《傳授三洞經戒法籙略說》上戒目十六種中，列有《想爾二十七戒》，與此相同，今證以孫思邈所引《想爾》「戒勿與人爭曲直」一語，實在二十七戒之中，則唐初對《老君二十七戒》及《道德尊經戒》，亦得目為《想爾二十七戒》。足證張萬福論列之確，是當時所謂《想爾戒》，已不限于略戒之九行矣。《傳授經戒儀注訣》述《想爾》書云「三品要戒，濟眾大航」。三品要戒，即指上中下之二十七戒也。

《老子存思圖》者，宋祕省《續四庫書目》著錄一卷，列于杜光庭之前。《崇文總目》有《李老君道德經存想圖》，當即一書，而「存思」作「存想」。《道藏目錄》詳注洞神類云：「《太上老君大存思圖注訣》一卷，有圖，乃存想五臟五星，常存九行三業，坐卧登座，存想圖像。」張萬福《略說》所舉《道德經》目，于《想爾注》上下二卷之後，有《大存圖》一卷，《大存圖》即《老君大存思圖》之省稱也。于此可見《存思圖》與《想爾注》關係之密切，二者如驂與靳，必相配合。《想爾》之「想」，亦即「存想」之「想」。《大存圖》既備載《想爾九戒》，作為實踐之用。《注訣》發揮其義，略謂：

……存思精審，自然忘勞。……當誦經行戒，以善與居。……煩惱生災，卧坐無寧，急存九行（想爾）。行之檢身，心存口誦，解了無疑。以空三業，三業既定，眾災自消。……

是存思實行之頃，必以「《想爾》九行」及「三業」為信條，時時存念，即可轉危為安，蓋以道德修身為本。「存想」之義，《注訣》云：

凡存思之時，皆閉目內視。人體多神，必以五藏為主，主各料其事，事各得其成：成正則一而不二，不二則隱顯無邪，無邪則眾妙可見，見妙則與聖符同，同聖則即可弘積學，自然感會。是以朝夕存思，不可懈怠。

此一段大道理，發揮「存想」之哲學理論。可知《想爾》命名，即本于「存想」，邊韶《老子銘》所云「存想丹田」是。朝夕行戒，存想內視，須臾不離，修道正軌，端在乎此。是知以《大存圖》配《想爾注》及《戒》，意義深遠，《戒》以立本，《訓》以述義，《圖》則指示實踐之方，《太玄部·道德經要典》以二書列為第三第四，有其至理，殊非偶然者也。

（五）《想爾》「先經後言五千，為以道統教」

《洞真太上太霄琅書》卷四《為師訣》第十云：

……志行此道，存文五千。文千雖五，義冠无央，先代相傳，師資亘計。今之所遵，十天大字，神仙人鬼，共所歸宗，文同數等，无有一異；但感者未齊，應者微革。河上《章句》，係師《想爾》。轉字會時，立題標議，始殊終同，隨因趣果，洞明之師，諦宜宣誥。其大字以數入道，故先言五千而後云經；《想爾》以道統數，故先云經而後言五千。河上道數相涉，故分經以及文品，章為第句，各有應焉。妙思之儔，研期感應，勿牙（互）舛亂筌蹄也。（《道藏》一〇三四冊）

從上引文字，可見道士使用《道德經》本，其間道與數之關係，涵義各有不同，表之如次：

大字本	河上本	《想爾》本
以數入道，先言五千而後云經。	道與數相涉，分經以及文品，章為第句。	以道統數，先云經而後言五千。

《想爾》本子與大字本恰相反，大字本先言五千之數，是以數入道，《想爾》本則後言五千，是以道統數。此可推知原書卷末經文之後，必標揭五千字數。《為師訣》明云「係師《想爾》」，知係師本確為五千文本，亦可證明〔七〕。《傳授經戒儀注訣》中「序次經法」云：

昔尹子初受大字三篇，中經在太清部中，所以付上下兩卷。漢文精感，真人降迹，得此（河上）《章句》，所滯即通。……人生多滯，《章句》能通，故次于大字。係師得道，化道西蜀，蜀風淺末，未曉深言。託遘想爾，以訓初迴；初迴之倫，多同蜀淺，辭說切近，因物賦通，三品要戒，濟眾大航，故次于河上。河上《想爾》，注解已自有殊，大字文體，意況亦復有異。怕緣時所須，轉訓成義，舛文同歸。……

此處明言大字本、河上《章句》、《想爾注》三書在太玄部十卷中排列序次之意義。三品《想爾》要戒在受五千文時，一併受戒。《注訣》「書三師諱法」第六云：

山館宅舍，受《道德》五千文三品要戒。

三師為度師、籍師、經師。同書「請師保法」云：「第一曰三師，以三人為之，其一人為正師，一人為監度師，一人為證盟師。」三師中之經師當為正師，即頒授五千文之師保。經文所以五千，亦與持戒有關，《太上老君戒經》云：

老君曰五戒者，天地並始，萬物並有，持之者吉，失之者凶，過去成道，莫不由之，故列神二十五也，經文五千，是其義也。（《道藏》五六二冊力上）

「五」是重要數字，戒必為五戒，而文必為五千。受經之時，亦兼受戒，《想爾》以道統數，經列于前而數繫于後，以此故為大字本之羽翼。

（六）《想爾經》（戒）為高玄部所受

唐張萬福《傳授三洞經戒法籙略說》于《想爾》二十七戒，稱為「此太上高玄法師所受」。敦煌卷伯希和二三三七《三洞奉道科誡儀範》卷五法次儀品云：

老子《道德經》二弓　河上真人《注》上下二弓　《想爾注》二弓　《五千文朝儀》一弓　《雜說》一弓　《關令內傳》一弓　《誡文》一弓　右受稱高玄弟子。

按《道藏》七六一冊（儀字下）《洞玄靈寶三洞奉道科戒營始》卷四法次儀（中）受上列各經，得稱高玄弟子，書目中缺少《想爾注》一項。高玄法師法服為玄冠黃裙黃褐黃帔二十八條（圖見同書卷五之四）。道士等級，計分洞神部、高玄部、昇玄部、中盟洞玄部、三洞部、大洞部。《道藏》九八九冊三洞修道儀「高玄部道士」項下云：

自修洞神有功後，遷授太上高玄，籙稱太上紫虛高玄弟子高玄法師。……參究《道德經》……《存思神圖》，《太上文》，《節解》，《內解》，《自然齋法儀》，《道德威儀》。……（楹字下）。

以上必讀之經典，列在太玄部，茲舉如次：

張萬福《傳授三洞經戒法籙略說》

《道德》上下二卷
河上公《注》上下二卷
《想爾注》上下二卷
《大存圖》一卷
《傳儀》一卷
《朝儀》一卷
《齊儀》一卷
此《太玄經》所明
應受持修行

《傳授經戒儀註訣》

太玄部
卷第一　老君大字本《道經》上
第二　老君大字本《德經》下
卷第三　老君《道經》上《道經》下河上公《章句》
第四　老君《德經》上《德經》下河上公《章句》
卷第五　老君《道經》上《想爾訓》
第六　老君《德經》下《想爾訓》
卷第七《老君思神圖注訣》
卷第八《老君傳授經戒注訣》
卷第九《老君自然朝儀注訣》
卷第十《老君自然齋儀》

《想爾注》與《存思圖》並列，太玄部卷七之《思神圖注訣》，即《存想圖》之別稱，皆高玄弟子必修之經典也。《傳授經戒》，《儀注訣》第十「詣師投辭法」有程式文如下：

竊聞《道德》五千文，淵奧遐邈，仰希稟受，以遂至心。謹依法齋信，清齋奉辭，伏請法師賜垂成就。謹辭詣太上高玄大法師某先生門下。

《想爾》二十七戒為高玄法師所受，能修此戒，即可為高玄部之道士矣。

（七）論二十七戒之「勿傷王氣」與《太平經》

二十七戒上九戒之三云：

戒勿傷王氣。

《想爾道經》于「動善時」句下法云：

人欲舉動，勿違道誡，不可得傷王氣。

意義正是一致。「王氣」者，《太平經》有詳細發揮。卷七十二《齋戒思神救死訣》云：

四時五行之氣，來入人腹中，為入五藏精神，其色與天地四時色相應也，畫之為人，使其三合，其王氣色者蓋在外，相氣色次之，微氣最居其內，使其領袖見之，先齋戒居閒善靖處，思之念之。作其人畫像長短自在。（王明合校本二九二頁）

齋戒思神，可以救死扶危。《大存圖》又名《思神圖注訣》，亦復相類。《太平經》此訣記明五藏神之「法為具畫像，人亦三重衣，王氣居外，相氣次之。微氣最居內，皆戴冠幘乘馬。馬亦隨其五行色具為。其先畫像于一面者，長二丈，五素上疎畫五五二十五騎」。其作為畫像，所以供思念之依據，有其特別效用。主要在分別配合王氣、相氣、微氣三者，謂之三合。同書卷六十九「天讖支干相配法」云：

> 夫五行者，上頭皆帝王，其次相，其次微氣。王者，帝王之位也。相者，大臣之位也。微氣者，小吏之位也。王者之後老氣者，王侯之位也；老氣之後衰氣者，百姓萬民之象也；囚氣之後死氣者，奴婢之象也。死氣之後亡氣者，死者丘冢也。故夫天垂象，四時五行周沶，各一興一衰。……是故萬民百姓，皆百王之後也，興則為人君，衰則為民也。

說明王氣代表「興」，「興」則為君，而「衰」為民，訓民為瞑，見于董仲舒《春秋繁露》，此西漢以來之說，故以民為「衰」。以政治上之興衰，比況精神上之興衰，人在精神上須保持王氣，使常處主宰地位。故《想爾》深戒「勿傷王氣」。王氣觀念實取自《太平經》也。

《正一法文天師教戒科經》（下稱《正一經》）中「大道家令戒」，大淵先生考證，以其與《想爾注》思想多符合，定為作于曹魏之頃。此文先言及于吉太平道，又謂「由以太平不備，悉當須明師口訣，指謫為符，命道復作五千文……付關令尹喜」。信如是說，係師五千文之產生、即在補太平道之不備，天師輩之見過《太平經》，可無疑問。《太平經》于卷一一二《不忘誡長得福訣》謂「神仙之錄在北極，相連崑崙，崑崙之墟有真人，上下有常」。（合校本五八二頁）《想爾注》則云：「一散形為氣，聚形為太上老君，常治崑崙。」崑崙之最高仙人，《太平經》泛言為真人，《想爾》則以實指「太上老君」。「老君」一名，見《後漢書．陳敬王傳》。而《正一經》內錄「陽平治」一文云：「吾以漢安元年五月一日從漢始皇帝王神氣受道，以五斗米為信，欲令可仙之士，皆得升度……吾從太上老君，周行八極。」又云：「委託師道老君太上，推論舊事。」可見五斗米道當日已習用「太上老君」一名號。

《大道家令戒》開頭即稱「道授以微氣，其色有三，玄元始氣是也」。又言「要立二十四治，分布玄元始氣治民」。「玄元」一詞亦出現于是時。其後沿用不替。新出土南齊永明三年（四八五）劉覬《賣地券》有云：

……太上老君符勒天一地二孟仲四季黃神后土土皇土祖土營土府……一如泰清玄元上三天无極大神太上老君陛下之青詔書律令。〔八〕

可見玄元及太上老君之號，南朝時使用已極普遍，而唐高宗「太上玄元」之封號，有其遠原。「玄元」、「太上」實出于天師五斗米道。而「玄元」為始氣，可施以治民，「陽平治」文言「從漢始皇帝王神氣受道，以五斗米為信」。所謂「始王神氣」亦即「王氣」，道之來源，蓋本于此。「王氣」之為義，有如此之重要，五斗米道以此設教，故《想爾》相戒勿傷王氣。知大道之運行，必資于王氣，至于個人之修養，尤以勿損王氣為吃緊工夫。

（八）道書徵引《想爾》記略

目錄書著錄《老子想爾注》，僅見于陸德明《經典釋文敍錄》。（原云：「《想余》二卷。」注：「不詳何人。一云張魯，或云劉表。」「余」乃「爾」字形近之誤。）《道藏·闕經目錄》收《想爾注老子道德經》二卷，如是而已。然道書言及《想爾》者，自魏以來，不一而足，茲列舉如次：

魏 ①	《大道家令戒》 「道以漢安元年五月一日……造出正一盟威之道，與天地券，要立二十四治……分氣治民漢中四十餘年。道禁其正之元，神仙之說，道所施行。何以想爾，□□□□妙真、三靈、七言，復不真正，而故謂道欺人，哀哉可傷。」此令戒或張魯家所傳。《正一經》中有「天師教」一篇七言詩，每句有韻。首二句云「令故下教作七言，謝諸祭酒男女民」。此即所謂「七言」，殆出天師手筆，亦五斗米道之重要文獻。	《道藏》五六三冊（力字下） 《正一法文天師教戒經》
六朝 ②	《傳授經戒儀注訣》〔九〕 序次經法第一著錄 《老君道經上想爾訓》，《德經下想爾訓》 又云「係師得道，化道西蜀。……託遘想爾，以訓初迴。」	《道藏》九八九冊（楹字下）

③	宋法師《十二部義》〔一〇〕記諸略戒內有「《想爾》九戒」	敦煌卷P三〇〇一《道藏》七六〇冊《玄門大義》，七六二冊《道教義樞》卷二，十二部義文同
唐④	釋法琳《辨正論》十喻九箴篇引張道陵五千文注「道可道」條，殆為《想爾注》佚文。〔一一〕	《廣弘明集》一三
⑤	孫思邈《攝養枕中方》引《想爾》「勿與人爭曲直」語出《想爾》二十七戒	《雲笈七籤》三三引
⑥	李榮〔顧歡〕《道德真經注疏》卷二引《想爾》曰：「豫猶豫行止之貌，常當畏敬也。冬涉川者，恐懼也；畏四鄰不敢為非，恐鄰里知之：此遵道奉戒之人謙謹如此也。」（河上本第十五章）文見敦煌卷。略有異同。	《道藏》四〇四冊（信字上）
⑦	張萬福《傳授三洞經戒法籙略說》其中戒目列《想爾》二十七戒《道德經》目列「《想爾注》上下二卷」〔一二〕	《道藏》九九〇冊（肆字上）
⑧	《三洞奉道科誡儀範》卷五「法次儀品」著錄《想爾注》二弓」	敦煌卷P二三三七
⑨	敦煌本《太平經》卷前語云：「《相（想）爾》云：『世多耶（邪）巧託稱道云。』」〔一三〕	敦煌卷S四二二六

⑩	《老君存思圖》（亦名《大存思注訣》）其「坐朝存思」第十云「九行在《想爾注》前」	《雲笈七籤》四三引《道藏》五八〇冊（夙字上）
⑪	杜光庭《道德真經廣聖義序》（六十餘家箋注）「《想爾注》二卷，三天法師張道陵所注」列于第三，在河上公前又卷一《敍經大意解疏序》引云「詮注疏解六十餘家，言理國則嚴氏河上，揚鑣自得；述修身則松靈，《想爾》，逸軌難追。」按注家在顧歡下有松靈仙人，隱青溪山。無名氏年代。	《道藏》四四〇冊（羔字上）
⑫	唐玄宗御製《道德真經疏外傳》（或謂喬諷著）六十餘家注中「《想爾》二卷，三天法師張道陵所注」列第二，與杜光庭同。	《道藏》三五八冊（才字上）
⑬	《太上老君經律》有「《道德尊經想爾戒》」（即九行）	《道藏》五六二冊（力字上）
⑭	《洞真太上太霄琅書》卷四云、「《想爾》一以道統數」	《道藏》一〇三四冊（左字）

依上列舉，知《想爾》一書自魏以後，流傳至廣，茲就四項分析如次：

書名　有但稱曰「《想爾》」，與敦煌卷合。或稱《想爾注》，或曰《想爾訓》。「注」及「訓」字均為稱述者所增益。

作者　一般不題作者名，如孫思邈但稱曰「《想爾》」。《儀注訣》則云「係師託遘《想爾》」。

《太霄琅書》亦稱「係師《想爾》。」《經典釋文敘錄》始言「一云張魯，或云劉表」。係師即張魯也。杜光庭題「三天法師張道陵注」。法琳《辨正論》引張道陵《五千文注》殘文，知唐人亦以為張陵作。當是託始于陵，而成于係師張魯。《想爾》本經為五千文本，與張鎮南古本係師定之五千文《道德經》，事正吻合。

佚文　可確知者只有一條，即法琳《辨正論》所引。

戒　《想爾》一書，有戒有訓。有略戒曰《想爾九戒》，名已見于宋法師《十二部義》。《太上老君經律》題曰《道德尊經想爾戒》。《存思圖》載之，謂之九行。另有《想爾二十七戒》，張萬福著其目，即所謂三品要戒，亦稱《道德尊經戒》、《老君二十七戒》。

（九）結論

由上所論，可得要點如下：

1.《想爾注》成于係師張魯之手，託始于張陵。
2.《想爾注》前應有九戒。
3.《想爾》書，經文之後，記五千字數。
4.《想爾》為五千文本，與係師張鎮南本相同。
5.《想爾》與《大存思圖》相輔為用。

6.《想爾注》及《戒》，為高玄法師所受。

關于《想爾》一書在道教史上之地位，其傳誦之廣，影響之大，可以概見。「想爾」一詞，亦復被人用作典故，見于詩篇，如《高上太霄琅書瓊文帝章經瓊文》第一云：

棄去雲外念，專一守黃寧，披誦大霄章，三關自當明。玄降徘徊輦，虛遣飛霞軿，九天雖玄遐，妙想安爾形。（《道藏》宿字號，原文又見「左」字號）

此為「想爾」一名經人活用之例證，因錄之以結吾篇。

附：《想爾注》研究有關資料

饒宗頤　《老子想爾注校箋》（一九五六，香港）

陳世驤　《想爾老子道經敦煌殘卷論證》（《清華學報》新一卷第二期，一九五七，臺北）

嚴靈峯　《讀老子想爾注校箋書後》（一九五六）

楊聯陞　《老君音誦誡經校釋》（中研院《史語所集刊》二十八本）

陳文華　《關于五千文的來源》（及與嚴靈峯討論文）（《民主評論》第十五卷十五、十六、二十期，一九六四，香港）

饒宗頤　《想爾九戒與三合義》（《清華學報》新四卷第二期哲學論文集）

嚴靈峯　《老子想爾注寫本殘卷質疑》（《大陸雜志》三十一卷第六期，臺北）
大淵忍爾　《老子想爾注の成立》（《岡山史學》十九號，一九六七）
又《五斗米道の教法について》（上、下）（《東洋學報》四十九卷三、四號，東京）

〔一〕見《東方宗教》三十號九十九頁。

〔二〕詳大淵忍爾《敦煌道經目錄》五十四頁。

〔三〕此紙質極薄，不同趙希鵠所言之硬黃紙，《陸雲與兄機書》所謂「潢」，《齊民要術》謂之「染潢」，是卷殆即染潢之物。蘇瑩輝君告余，彼所見北魏前後經卷，早期者紙皆極薄。

〔四〕參友人 Nathan Sivin 著《孫思邈傳》Chinesse Alchemy, Preliminary studies. Harvard University Press. 1968, P120 注六九。

〔五〕參岡西為人《宋元以前醫籍考》。

〔六〕《上太經戒》末云：「此九行，二篇八十一章，集合為道舍，尊卑同科。」九行即《想爾九戒》。其言二篇八十一章乃統《道德》二經而言之。不得以此遂謂《想爾》原本必為分章八十一如河上本也。

〔七〕五千文本問題與張魯刪定說，參大淵忍爾《老子想爾注の成立》第一節。

〔八〕南齊劉覬《地券》拓本，見《文物》一九六五年六期二十頁。

〔九〕《傳授經戒儀注訣》已見唐高宗時《三洞珠囊》徵引，成書于南北朝之頃。「序次經法」于河上章句，有云「（鄭）隱注云讀河上一章……」原注未知至何處終止。下文言及《想爾》，不能以此遂謂為鄭隱之語。

〔一〇〕宋法師《十二部義》成書年代，可遡至六朝，見大淵氏《敦煌殘卷三則》及《敦煌道經目錄》一〇九頁。

〔一一〕法琳引張陵五千文《注》，其確實性，詳大淵氏《想爾の成立》注九。

〔一二〕張萬福《法籙略說》，末題「大唐先天元年（七一二）太清觀道士張萬福謹記」，可譎其年代。

〔一三〕參拙作《想爾九戒與三合義》，「千端萬伎句」以下，未必為《想爾》原文。

四論想爾注

胡道靜《三續道藏芻議》：「新注新校所當重視。若《老子想爾注》乃敦煌發見之書，以其初露，所當編籍，而饒宗頤整理之本，條貫考訂，尤為敻絕，則採用饒校之本，乃一舉而雙得。」〔一〕《中國大百科全書·宗教卷》道教條目，《老子想爾注》下亦云：「道教經典。全稱《老君道德經想爾訓》，據唐玄宗御製《道德真經疏外傳》、杜光庭《道德真經廣聖義》及宋代道書記載，為張陵所作。《傳授經戒儀注訣》以為出于張魯之手。」〔二〕仍遵唐宋舊說。王家祐著《張陵與天師道》云：「張陵著作傳于今者僅有敦煌卷子《老子想爾注》。《想爾》之言多合《太平經》，當為天師道經典。如所言真道、邪文、道誡，不如學生守中和之道，皆取自《太平經》，可能是張陵的解釋。」〔三〕謝祥榮著《想爾注怎樣解老子為宗教神學》，論《想爾注》對《老子》一書的篡改，使《老子》的「道」人格化、神靈化，改《老子》的「道」體系為「一」的體系，解長生久視之道為神仙世界，亦承認「張陵所著的《老子想爾注》，對《老子》哲學作神祕化與宗教化的解釋……可見《想爾注》在道教史上的重要地位。〔四〕《想爾注》之為張氏天師道一家之學，已成一致之結論。

日本學人對此問題有二派意見，大淵忍爾于所著《關于五斗米道之教法——以〈老子想爾注〉為中心》一文肯定為天師道一系之著作。尚有持不同之說者，近年楠山春樹、麥谷邦夫二氏所著《論老子想爾注》兩文〔五〕，從詞彙內容加以檢討，又其論《大家令戒》因楊聯陞之說，定曹魏為後魏。說實大有可商。麥谷氏又作《老子想爾注索引》一書〔六〕，逐句系列，甚便翻檢，為此書羽翼，有足多者。惟謂《想爾注》為四世紀以降至五世紀之書，立論甚偏，不可不辨。

麥谷氏以為「道氣」概念之成立，應在東晉以降，謂齊、梁之頃，道教教理主張「道」與「氣」（元氣）之同一性，並舉新之道氣論年代確實最古之資料為《弘明集》卷八僧順答道士假稱張融《三破》中之言「道者氣」及劉勰《滅惑論》中引《三破論》言「道以氣為宗」兩語為證。又論德氣、仁氣、義氣、禮氣等觀念之晚出。按氏于秦漢以來經籍所見道氣之資料不能探索其淵源，故有此非常可怪之論。

按道氣論之發端，似起于齊之稷下，中經黃老學派之鼓吹，至于東漢，儒、道雜糅，更糝合緯書，構成具體之元氣論，至《太平經》已發揮盡致，茲略述其說發展之梗概。

（一）稷下精氣說

《管子》中《內業》與《心術》下篇文字諸多雷同，郭沫若嘗作比較，認為後者是副本，並推定為宋鈃，尹文一派之遺說〔七〕。《內業》言：「精也者，氣之精者也。氣，道乃生，生乃思，思乃知……」又言：「民氣杲乎如登於天……是故此氣也，不可止以力而可安以德。……」又：「善氣迎人，親於弟兄；惡氣迎人，害於戎兵。」又：「摶氣如神，萬物備存。」又：「思之而不通，鬼神將通之，非鬼神之力也，精氣之極也。」又：「靈氣在心，一來一逝，其細無內，其大無外。」所謂「氣，道乃生」，尹知章注：「氣得道，能有生。」證之本文云：「凡道，無根無莖，無葉無榮，萬物以生，萬物以成。命之曰道。」以道為氣之所生，而氣有精氣、靈氣諸嘉名，氣之操縱在能摶氣，萬物備焉。麥谷氏所舉後來「道以氣為宗」之說何嘗有如此之精闢，故知「道氣」概念實導源于此，《易・繫辭》云「精氣為物、精義入神」等語亦與此有關。道家精、氣、神諸觀念可于齊學之內業覓得其線索，具見淵源之遠〔八〕。

（二）楚　正氣、元氣說

屈原《遠遊》云：「內惟省以端操兮，求正氣之所由。」「保神明之清澄兮，精氣入而麤穢除。」「曰道可受兮不可傳。……壹氣孔神兮，於中夜存，虛而待之兮，無為之先。」〔九〕《孟子・告子上》：「梏之反覆，則夜氣不足以存。夜氣即屈子此存於中夜之一氣，夜氣不存則去禽獸不遠，此中夜為聚氣最好之時候，夜氣自是端正情操、保持清明之正氣，屈與孟之義理相通，亦即《心術》下所謂「一氣能變曰精」之一氣。屈原曾為齊使，其說或取之稷下先生：《經法・觀》云：「長夜氣閉地繩者，所以繼之也。」《黃帝書》亦重視夜氣。

楚有鶡冠子，其書避秦諱諱政為端，向被目為偽書，近人力加平反，謂為秦時人所作。書中《環流篇》述元氣論已具芻型。如云：「有一而有氣，有氣而有意。……故氣相加而為時。……萬物相加而為勝敗，莫不發於氣，通於道。」又：「空之謂一，無不備之謂道，立之謂氣，通之謂類。」

言「陰陽者，氣之正也，天地者，形之正也。」《泰錄篇》：「精微者，天地之始也。…… 故天地成於元氣，萬物乘於天地。」重申正氣之義，復提出天地成于元氣，宇宙論之元氣說得此而奠定。無不備即為道，抽象難知，氣為有形之物，故道緣氣而立，于氣發之，此非道氣論而何？

（三）黃老學　同氣說與微氣、霸氣說

近時，李家彥《太平經的元氣論》謂元氣一詞，西漢才出現，先見于董仲舒《春秋繁露》中「王正則元氣和應」等語，次見劉歆《鍾律書》中所用「太極元氣」之名，及至緯書遂大談「元氣」。按《鶡冠子》書如視為秦人之作，則元氣已為秦時之恆言〔一〇〕。余謂《呂覽·應同篇》引黃帝曰：「芒芒昧昧，因天之威，與元同氣。」高誘注「同氣」：「同元氣也。」是篇論同（元）氣者為帝，其層次在王、霸之上，以表示之：

同元氣	同義	同力	（以下同居、同名）
帝	王	霸	

是說《呂覽》引「黃帝」語當出于古《黃帝書》，《列子·天瑞》「谷物不死」亦出《黃帝書》，必同一原，「因天之威」句，舊校作「因天之道」，宋本《御覽》七七敍皇王下引呂氏此語高誘注曰：

芒芒昧昧，廣大貌也，因天之威，無不敗也，與元同氣，無不協也。（一本作「無不敬也」，孫校謂敗字誤，當作敬）

考《淮南子》云：

帝者體太一，王者清陰陽，霸者則四時，君者用六律。

又云：

同氣者帝，同義者王，同力者亡。（亦《御覽》引）

可見由帝而王而霸三者之層次，此為戰國末期至于秦漢之間道家政論之通言，馬王堆漢墓帛書《道原篇》云：

埴无之初，迥同大（太）虛。虛同為一，恆一而止。濕濕夢夢，未有明晦。神微周盈，精靜不熙，古（故）未有以，萬物莫以；古（故）无有刑（形），大迥无名。……莫知其名，人皆用之，莫見其刑（形）。一者其號也。

此即帝所體之太一。所云「濕濕夢夢，未有明晦。神微周盈，精靜不熙」，即指元氣芒昧之狀，《道原》所描寫之「太虛」即大道之一，《想爾注》所言「一散形為氣……」《大道家令戒》云：「道援以微氣。」微氣即《道原》言「神微周盈」之元氣。在當日天師道一系又有《微經》之傳受，說見後。

（四）帛書《五行篇》及禮家之仁氣、義氣、禮氣

《管子・幼官》云「義氣至修門閉」，已出現「義氣」一詞。

馬王堆帛書《五行篇》有云：

繇也者，勉也，仁氣也。（經說十）直也者，直其中心也，義氣也。（經說十一）遠心也者，禮氣也。（經說十二）

又云：

知君子所道而𡢁然安之者，仁氣也。（經說十九）既安之矣，㥶然行之，義氣也。（同上）既行之矣，又愀愀然敬之者，禮氣也。（同上）

至于仁氣、義氣漢代禮家亦言之，《禮記・鄉飲酒義》云：

天地嚴凝之氣，始於西南而盛於西北，此天地之尊嚴氣也，此天地之義氣也。

天地溫厚之氣，始於東北而盛於東南，此天地之盛德氣也，此天地之仁氣也。

將天地劃分為二氣區別其主客之方位：

賓者接人以義者也故坐於西北　　坐介於西南以輔賓

主人者接人以德厚者也故坐於東南　坐僎於東北以輔主人

圖之如下：

（僎）　（主位）
東北　東南
始　仁氣 → 盛　主用仁氣
盛　義氣 ← 始　賓用義氣
（賓位）　西南（介）
西北

此以仁氣、義氣區分主賓之位，禮與天地竝，禮亦與元氣同，故以禮目配入元氣以分別仁氣與義氣。此禮家言之參用元氣說也。

此外《靈樞經・官鍼》亦言德氣、真氣、正氣等。

（五）《太平經》包元（氣）說與王符之道氣說

《漢書・李尋傳》：「齊人甘忠可向成帝獻《包元太平經》十二卷。」是為《太平經》之前身，惜其書已不存。所謂「包元」者言「包裹元氣」也〔二〕，今《太平經》中屢見「元氣乃包裹天地八方」（卷四十）、「右包裹元氣自然、天地，凡事三合相通……等注」一類之語（卷四十八），三合之說已見于《屈子．天問》，前已詳論之。元氣一詞《淮南子．天文訓》已目為宇宙之本原，宋本《太平御覽》卷一天部「元氣」項引：

《淮南子》「道始生虛霩，虛霩生宇宙，宇宙生元氣，（氣）有涯垠清陽者薄靡而為天。」

今本《淮南》只作「宇宙生氣」，無「元」字。劉歆解說黃鍾更以「黃為中之色，故以黃色名元氣」，緯書《遁甲開山圖》言巨靈「與元氣一時生混沌」、「麗山氏分布元氣，各生次序，產生山谷」（《御覽》引）亦侈言「元氣」。

王符《潛夫論．本訓篇》：

上古之世，太素之時，元氣窈冥，未有形兆，萬精合并，混而為一，……和氣生人，以统理之。是故天本諸陽，地本諸陰，人本中和。……是故道德之用，莫大於氣。道者，氣之根也。氣者，道之使也。必有其根，其氣乃生，必有其使，變化乃成。……天之尊也，氣裂之，地之大也氣動之，山之重也，氣徙之，水之流也，氣絕之，日月神也，氣蝕之，星辰虛也，氣殞之。……莫不氣之所為也。以此觀之，氣運感動，亦誠大矣，變化之為，何物不能，所變也神，氣之所動也。當此之時，正氣所加，非唯於人，百穀草木，禽獸魚鼈，皆口養其氣……

此文從元氣談到和氣、正氣，指出道為氣之根，氣為道之使，及氣在宇宙事物之反作用，一切之變化實為氣所表現。此文不啻道氣論之扼要敍述。

由上可見道與氣之關係，自《管子》以降逐漸形成道氣之理論[一二]。《想爾注》即承接此一體系而來。

（六）漢初馬王堆養生方言「合氣」為張陵所本

至于男女合氣之說及房中僞技，亦非晚出。漢人屢言及男女合氣，《論衡．物勢篇》：

> 儒者論曰：「天地故生人。」此言妄也。夫天地合氣，人偶自生也，猶夫婦合氣，子則自生也。夫婦合氣，非當時欲得生子，情欲動而合，合而生子矣。

又《自然篇》：

> 天地合氣，萬物自生。猶夫婦合氣，子自生矣。

王仲任主張偶然說。以天地生人出于偶然，譬之夫婦合氣偶然而得子。故知男女合氣乃秦漢以來房中術家之恆言。至《辨正論》引張陵「男女和氣之法，三五七九交接之道。其道真決（訣）在於丹田，丹田、玉門也」一節，亦遠有所本，馬王堆三號墓出土之《養生方》，內有「除中益氣」、

「治力」標題，言如何「黑髮益氣」及「益力」、「敬除心胸中惡氣」之方。又一失題，言：「有氣則產（生），無氣則死。……問□□男女之齊至相當毋傷於身者若何？合（答）曰：益產（生）者食也，損產（生）者，〔色〕也，是以聖人必有法廁（則）」以下列舉各種之房中術，互詳於同墓出土竹簡之《合陰陽》及《天下至道談》中之十勢、八道等等。又《養生方》之「口語」，言及「我欲合氣，男女蕃茲，為之若何？少河曰：凡合氣之道，必（下缺）」，文中已暢論合氣之術。

同墓竹簡之《十問》，屢言「玉閉」，當即張陵之玉門。是篇保存不少古代房中術著作，略舉如次：

黃帝問於曹熬曰：……曹（曰）侍坡（彼）合氣，而微動其刑（形），……長生之稽，偵（貞）用玉閉，玉閉時辟，神明來積。積必見章，玉閉堅精，必使玉泉毋頃（傾），則百疾弗嬰，故能長生。接陰之道，必心塞葆，刑（形）氣相葆。……（此為）曹熬之接陰治神氣之道。

黃帝問於容成曰：……容成答曰：……翕氣之道，必致之末，精生而不厥，尚（上）下皆精，塞（寒）溫安生？息必探（深）而久，新氣易守。宿氣為老，新氣為壽。善治氣者，使宿氣夜散。新氣朝最（聚），以澈九徼而實六府。……

堯問於舜曰：……舜曰：……必盬之而勿予，必樂矣而勿寫（瀉），材將積，氣將褚，行年百歲，賢於往者，舜之接陰治氣之道。

王子巧父問彭祖曰：人氣何是為精虖？彭祖合（答）曰：人氣莫如竣（朘）精。竣（朘）

氣宛閉，百派生疾；竣氣不成，不能繁生。…… 必先吐陳，乃翕竣氣，與竣通息，與竣飲食，飲食完竣，如養赤子，赤子驕悍數起，慎勿出入，以脩美浬（理），軲白內成，何病之有？坡（彼）生有央，必其陰精屚泄，百脈宛廢。…… 巫成柖□□不死。

帝盤庚問於耇老曰：聞子接陰以為彊，翕天之精，以為壽長，吾將何處而道可行？耇老答曰：…… 治之有節：一曰垂枝（肢），直脊撓尻；二曰疏股，動陰，縮州（即竅）；三曰合疌毋聽，翕氣以充腦；四曰含其五味，飲夫泉英；五曰羣精皆上，翕其大明。至五而止，精神日抬（怡）。耇老妾陰食神氣之道。

以上錄出諸文，俱見新刊《馬王堆漢墓帛書》第肆冊。《漢書．藝文志》房中八家。為書百八十六卷。其中《容成陰道》二十六卷，此言黃帝問于容成，必出是書。《想爾注》所稱「容成之文」，于茲可見其一斑。《漢志》又有《堯舜陰道》二十三卷、《湯盤庚陰道》二十六卷，亦略見于此。又有《務成子陰道》三十六卷，解說者謂務成與巫成音近，傳說務成昭為舜之師，見《荀子．大略》。余按《莊子．天運篇》引巫咸祒曰「天有六極五常」，巫咸祒當即巫成柖。《十問》云：「巫成柖以四時為輔，天地為經。」巫成柖蓋古有道之士也。文引彭祖言「竣精竣氣」，諸「竣」字皆讀為「朘」。《說文》：「朘，赤子陰也。」《老子》：「未知牝牡之合而朘作。精之至也。」（河上本）馬王堆乙本《德經》作「未知牝牡之會而朘怒。」知老子此說實本于彭祖。馬王堆所出《合陰陽》竹簡記房中事最為具體而微，其述如何致氣、抒熱及十動、十節、十脩以至十已之徵等等。為後來《玉房祕決》等說之所自出。（參《醫心方》卷二十八引）原書具在，今不詳引。諸簡為漢初寫本，可見房中術之來歷，早形成于先秦之世。

又馬王堆《天下至道談》竹簡，說房中術亦畧同，有云：

> 氣有八益，有七孫（損）。不能用八益去七孫，則行年四十而陰氣自半也。……七十下枯上涚（脫）、陰氣不用。……
>
> 八益：一曰治氣，二曰致沫，三曰智（知）時，五曰和沫，六曰竊氣（一作積氣）……
>
> 為而耎脊，翕周，吶（抑）下之，曰蓄氣。……出臥，令人起之，怒釋之，曰積氣。

其中保存先秦房中術遺說，可與《素問・陰陽應象大論》中「七損八益二者可調，不知用此，則早衰之節也」義相參證[一三]。書中屢用「陰氣」一詞。觀《漢志》所錄，房中之書，皆以「陰道」為名，即所謂「接陰」之術。御女又有畜氣、積氣諸法，具見淵源之遠，非至張陵始言交接之道也。《想爾注》所言世間僞技，楠山氏以為指《黃庭》及《老子・中經》一類茅山派之養生說。按魏文帝《典論》：潁川郤儉，甘陵甘始，廬江左慈，並為軍吏。」甘始（等）率能行容成御婦人術，為曹操所錄。（又見《後漢書・方術傳》）曹植《辨道論》言「世有方士，吾王悉所招致」，即指甘始輩，其人與張魯同時，世間僞技，何不可指彼，必欲求之茅山派，何耶？

依上所論，具見麥谷氏之言，似是而實非，彼蓋有見于後而無見于前，沿流而罕溯源，與余着眼不同，故所得亦異，奚覼縷論之，以俟知者。

〔一〕《古籍整理出版簡報》第一〇九期，一九八三年八月。
〔二〕見《宗教學研究》第二期，頁二十三，四川大學，一九八三年。
〔三〕據王氏一九八一年七月稿本。
〔四〕見《宗教學研究》第一期，一九八一年，四川大學。
〔五〕楠山春樹文《老子想爾注考》（見《老子伝說の研究》，創文社，一九七九年）。麥谷邦夫文見《東方學報》第五七冊，一九八五年三月（《京都大學人文科學研究所刊》）。
〔六〕《老子想爾注索引》，日本朋友書店印行，一九八五年，京都。
〔七〕郭沫若《青銅時代．宋鈃文遺著考》。
〔八〕孫以楷《稷下學宮考述》（《文史》二十三）。
〔九〕涂又光《論屈原的精氣說》（《楚史論叢》頁一百八十三）。
〔一〇〕吳光《黃老之學通論》，浙江人民出版社，一九八五年。書中頁一五八—一六一「鶡冠子元氣論之雛型」，頁一七五—一七九「呂氏春秋　精氣說」，頁一九九—二〇三「淮南子　道論與氣論」。
〔一一〕李家彥《太平經的元氣論》，四川大學《宗教學研究》第四期。
〔一二〕程宜山《中國古代元氣說》，湖北人民出版社。
〔一三〕易建純「天下至道談，七損八益」注釋，《馬王堆醫書研究專刊》，《湖南中醫學院學報》一九八〇年第一輯。

天師道雜考

天師與鶴鳴山及廬山

天師道之天師，其名初見于《莊子．徐无鬼篇》：「黃帝再拜稽首，稱天師而退。」[一]馬王堆三號墓所出《養生方》云：

黃帝問於天師曰：萬勿（物）何得而行。……天師之食神氣之道。

此與《內經．素問》設為黃帝問于天師之語正同。故知天師一名，秦漢之間流行于楚境，且與黃帝有密切關係。

張陵學道四川鶴鳴山（一作鵠鳴山）。《元和郡縣圖志》三十一蜀州晉原縣下：

鶴鳴山在縣西七十九里，絕壁千尋，張道陵天師學道於此。

又邛州大邑縣（漢江原縣地）有鶴鳴山在縣西北三十七里。近時調查大邑縣之鶴鳴山，南向川西平原，三面環山，其地原有太清宮，明代重建，供老君神像，又有戒鬼壇及三官廟、迎仙閣諸勝蹟，又古柏百株，乾隆十七年張姓手植[二]。宋陸游嘗夜宿鵠鳴山，有七律一首，後人泐于石上。

至青城山傳言張陵與鬼兵為誓之所，見杜光庭諸記〔三〕，人所共悉。惟廬山傳說，亦與張陵有關。《酉陽雜俎》前集十木簡條云：

齊建元初，延陵季子廟舊有湧井，……得沸泉，泉中得木簡，長一尺，廣一寸二分。隱起字曰「廬山道士張陵再拜謁」，木堅而白，字色黃。（中華書局本，頁九五）

廣西十萬大山山子傜之師公，既尊梅山法主大聖九郎為教主，其師公經書及民間傳說中有九郎至廬山向張天師學法之故事〔四〕。今據南齊木簡，廬山道士張陵之說，唐以前已有之。

〔一〕曾召南《天師道名稱小議》（四川大學《宗教學研究》第六期）。

〔二〕丁慶書、古培誠《訪道教發源地鶴鳴山》（《宗教學研究》第十期）。韋行《鶴鳴山記》（同上）。

〔三〕杜光庭《青城山記》，見《全唐文》卷九百三十二。

〔四〕張有雋《十萬大山瑤族道教信仰淺釋》，《瑤族宗教論集》。

天師道與《太微黃書》

羅苹于《路史・中三皇紀》天皇氏下「乾曜迨元像符合氣」一句之下引《太微黃書》云：

天皇象符，以合元氣，長生之要。

此《太微黃書》宋時尚存，羅泌父子猶及見之。考《御覽》六六二引《三洞珠囊》云「戴公柏（即戴孟子）有《大微黃書》十餘卷，壺公之師也。」《御覽》六七三又引《太微黃書》一段文甚長（宋本．頁三千）。

《真誥》稱武當山道士戴孟，葛洪《神仙傳》：戴孟，字仲微，漢明帝時人……有《太微黃書》。據此，《黃書》本有，《太微黃書》乃明帝時戴孟子所作，在張陵之前。此書詳侯康、曾樸《補後漢書藝文志》。

太微之取義由于《老子．道經》之希、微。熹平二年張普題字云「召祭酒張普、盟生趙廣、王盛、黃長、楊奉等，詣受《微經》二十卷。祭酒約，施天師道，法無極耳。」（《隸釋》卷三）張普行天師道所奉之經典是《微經》，疑即出自戴氏之《太微黃書經》。

《黃書》非一種

張陵之《黃書》原帙雖亡，今《道藏》尚有二種題名曰《黃書》者：

一、《上清黃書過度儀》《正统道藏》階字七。藝文本，冊五四，頁四四〇三一。

二、《洞真黃書》一卷《道藏》廣十。藝文本，冊五五，頁四五一〇一。

前者在言功項下云：「謹按師法與甲共奉行《道、德》三五七九之化，陰陽之施，男女更相過度，蒙恩如願，精神專固，兩相合生。」首為入靖（靜），第二為存吏兵（東向正立，兩手相持，叉手立……），三為白氣（思丹田「白氣」），四為思王氣（思中央黃氣……仰頭以鼻納氣，低頭咽之，下至丹田，中上昇崑侖），五為咽三官（以鼻納生氣，天地水官生氣……低頭咽之，令滿腹下丹田中，上昇泥丸），繼此至于第二十嬰兒迴，皆氣功之術。後者有云：「以漢安元年七月七日日中時太上老君授與張陵曰要長生度世……道陵以二年歲在癸未正月七日日中時授與趙升、王長、王稚、王英等施行《黃書》契九宮禁忌男女官神所治……」又云：「天師以漢安元年壬午二年癸未從老子稽首受《黃書》八卷……口授升、長、稚、英。」按趙昇事見《北周地圖記》，古來有張陵七試趙昇之傳說，《道藏》中有《正一天師告趙昇口訣》一書。此《黃書》引緯書《孝經援神契》曰：「溟涬始互，濛澒滋萌。」按《御覽》卷一及七八引吳徐整《三五曆記》云：「溟涬始牙（芽），濛鴻滋萌，歲起攝提，元氣肇啓。」文字相同。元氣之說，三國時人亦加以發揮，後者稱《黃書》原有八卷，右二書自出後人之踵事增華，然張陵《黃書》內容亦可想見其仿佛也。

二十四治與五龍

羅泌《路史前紀九頭紀》泰皇氏下引張陵二十四治圖云：

伏羲造天地，五龍布山岳也。

五龍者，《說文》：「戊，中宮也，象六甲五龍相拘絞也。」《水經注》引《遁甲開山圖》：

五龍見教，天皇被迹。

榮氏注：「五龍，治在五方，為五方神。」《鬼谷子．盛神》「法五龍」，陶注：「五龍，五行之龍也。」按《墨子．貴義篇》記五方五色之龍，緯書演繹其義以比附五行，唐代吐魯番阿斯塔那三三二號墓出土《祭五方五土神文書》云：

謹啟西方白帝土公駕白車乘白龍白公曹白……開白門出白户白蓋堂（謹啟北）方黑帝土公駕黑（車）乘黑龍……敢告北方黑帝協綱紀恆山之神獸玄武神玄冥……（《文書》冊六，頁二八五—二八八、二九〇）

五方之神各為五色，龍、車、門、户、蓋堂等，益以五嶽之神，北方既有玄武、玄冥，則其他四方皆可推知，此亦五龍以布山嶽之事，後來增益，更為繁縟，二十四治之配以五龍五嶽，情形必有類于此。據《雲笈七籤》二十八，二十四治圖合二十四氣二十八宿，更為複雜。

劉艾記張脩、張魯

章太炎《原經》：「張修使人為姦令祭酒，祭酒主以老子五千文使都習，……此道士託名老子最者先。」（《國故論衡》中）

故友陳世驤著《想爾論證》一文，義據精深，重明《想爾》與張魯之關係一節，據魚豢《魏略》

指出張修以《五千文》說教為其首創，近時李剛撰《張脩在道教史上的地位》一文重新討論（《宗教學研究論集》，一九八一，《四川大學學報叢刊》二五），證明此說。

《後漢書・靈帝紀》云：中平元年「七月巴郡妖巫張脩反」。李賢注引劉艾《紀》云：

> 時巴郡巫人張脩療病，愈者雇以米五斗，是為五斗米師。

與《典略》所載同。劉艾官宗正，與修同時，言必可信。《隋書・經籍志・雜史類》：「《漢靈獻二帝紀》三卷，漢侍中劉芳撰，殘。」劉芳即劉艾之形訛。艾由侍中，建安元年封彭城相，事蹟詳姚振宗《後漢藝文志》。

《魏志・文帝紀・裴注》引《獻帝傳》：「左中郎將李伏表魏王……武都李庶、姜合羈旅漢中，謂臣曰……定天下者，魏公子桓，神之所命，當合符讖。……以合辭語。鎮南將軍張魯，魯亦問合知書所出，合曰：孔子玉版也……。」朱彝尊《經義考》二六四，毖緯項引稱是《河圖玉版》，《抱朴子・論仙》言「素姜之說讖緯」即指此，《獻帝傳》或即劉艾所著者歟？

說五斗叟（鄭）

五斗米道與羌人、鄭人自來有密切關係。

《晉書・懷帝紀》：永嘉三年（三〇九）七月辛未，「平陽人劉芒蕩自稱漢後，誑誘羌戎，僭帝號於馬蘭山。支胡、五斗叟郝索聚眾數千為亂，屯新豐與芒蕩合黨……（九月）南陽王模使其將淳于定破劉芒蕩、五斗叟，並斬之。」（標點本《晉書》頁一一九）

支胡是月氏胡（詳馬長壽：《碑銘所見前秦至隋初的關中部族》頁二十），郝索叟即鄭人，其名上有「五斗」之號，必為信奉五斗米道者。

四川蘆山之東漢樊敏碑云：「賨聖禹，飲汶（山）茹□，宣究道度。……米巫殈虐，續蠢青羌……陷附者罪。……建安十年（二〇五）三月。」

此為米巫活動于四川之明證。米巫即指奉五斗米道之徒眾。《北史》六六《泉仚傳》：「巴俗事道。」《蠻書》十引《夔城圖經》：「夷事道，蠻事鬼。」可見賨人信五斗米道，至北朝、唐代猶然。《道藏》「唐」字號朱法滿《要修科儀戒律鈔》引太真科云：「家家立靖（即靜室）崇仰，信米五斗。以立造化，和五性之氣。家口命籍，系之于米，年年依會，十一月一日，同集天師治。」可見三張之遺法及其宗教組織之一斑。

向達嘗論南詔與天師道氏族相關之事實，舉《蠻書》記貞元十年雲南詔異牟尋之誓文，內有「上請天、地、水三官」之三官手書及一本「藏於神室」之記錄，與《華陽國志》記犍為民陳瑞，咸寧三年以鬼道惑民，其為師者曰祭酒，瑞自稱天師，徒眾以千百數，益州民奉瑞道者，見官二千石長吏巴郡太守犍為唐定等為證，具見天師道于晉唐間在四川流布之情狀[一]，鄭人郝索之稱五斗叟（鄭）亦其一例，至于《晉書》李特載記言「張魯據漢中，以鬼道教百姓，賨人敬信巫觋，多往奉之」。巴蜀與氐崇奉張氏之教，范長生得稱為天地太師，與天師道不無淵源，唐長孺論之已詳[二]。《水經．江水注》記「平都縣有天師治」，平都即酆都縣，後來為道教聖地，非偶然也。

〔一〕向著《唐代長安與西域文明》頁一七二、一七四。

〔二〕唐長孺《范長生與巴氏據蜀的關係》（《魏晉南北朝史論叢·續編》）。

道教有關新資料兼論中黃太一

近世出土有關道教之文物如資陽南市公社東漢巖墓出土「道教銅印」（王家祐文），成都「太平百錢銅範」，說者謂為張魯所鑄之錢範（《文物》一九八一年十月）。

陽縣逍遙山石室有漢安元年「會仙友」三大字與張陵《黃書》所見之漢安元年年代相符。

安徽譙縣曹氏一系列墓磚，內有「倉天乃死」之語，與張角「蒼天已死，黃天當立」之口號相同。碑刻有建寧三年字樣，下距黃巾起事于中平元年（一八四）只有十五年（《文物》一九七八年八月）。《魏志·武帝紀》稱張角移書太祖云「昔在濟南，毀壞神壇，其道乃與『中黃太一』同，似若知道，今更迷惑，漢行已盡，黃家當立」[二]。黃家者，張角以「黃天泰平」為口號（《吳志·孫堅傳》），漢末緯書有《孝經中黃讖》「中黃」之名雖出《易》之「黃中通理」，以之配合「大一」，則加彊天道之理據。秦漢以來「大一」之義屢有變遷：

一、天體之太一天極　指北斗。

二、人身之太一　黃帝內經有太一天，太一游宮，如云神遊上丹田，在帝大一帝君泥丸宮。

人身為小宇宙，故以天體比況人體。桓帝時之老子銘言「存想丹田，太一紫房，道成身化，蟬蜕渡世」，即具體說人身上之太一。《後漢書・靈帝紀》載黃巾張曼成自稱為「神上使」，說者謂即《太平經》之「天土神使」及《老子中經》中太一君之八使。《老子中經》又推進一步有「上太一」之號，謂「上太一者，道之父也，天地之先，……元氣是耳」。以元氣是「上太一」，太一之上者。《想爾》對「一」之解釋與一般不同，《太平經・守氣不絕訣》云：

……入室思道，自不食與氣結也……乃上從天太一也，朝于中極，受符而行，周流洞達四方八遠，無窮時也。

此指存想中極之丹田，與氣結合，即是上從天之太一，但《想爾》論「一」不在人身求之，其言曰：

一者，道也，今在人身何許？守之云何？一不在人身也，諸附身者悉世間常僞伎，非真道也；一在天地外，人在天地間，但往來人身中耳，都皮裏悉是，非獨一處。一散形為氣，聚形為太上老君……

彼認為一即是道，在天地外，一不在人身，亦可往來于人身中。是其以太一在體內者，由《想爾》觀之，都屬僞技，而非真道。此則《想爾》說之特異于它家者。

〔一〕丁培仁《太一信仰與張角的中黃太一道》（《宗教學研究》五）。

卅輻與張鎮南本

「卅輻」一語，三十作卅，向來以為張鎮南（魯）本為最早，今見馬王堆甲乙本均作卅。以是知天師道遠有所本，余已論之（見拙編《敦煌書法叢刊》，第二卷道書（一）解說，頁七六）惟以「五千文設教」實起于張脩，不知脩本如何？建安時，漢中誦習之《老子》已為五千文本，《魏畧》記張魯同時人寒貧云本姓石字德林，安定人。建安十六年，關中亂，南入漢中，常讀《老子》五千文及諸內書。＊（標點本《三國志》頁三六五裴注引）建安十六年（二一一）即曹操伐張魯之歲，此《老子》五千文當是係師本流行于漢中者。內書即讖緯，時緯書盛行，觀姜合之引《河圖玉版》以語張魯，《黃書》之引用《孝經援神契》可見一時風氣。

＊石德林讀老子五千文事，已見呂思勉《讀史札記》頁七七三「黃老君」條，日本福井康順亦曾舉似。

附舊作：《論天師道與道德經》（一九五五年）

天師道教人誦《老子》，其所定《道德經》。唐寫本稱為「係師定」本。陶宏景言楊羲曾手書張魯五千文《道德經》，據《茅山志》卷九《道山冊》云：

按《登真隱訣》，隱居云：「老子道德經有玄師楊真人（按即楊羲）手書張鎮南古本。鎮南即漢天師第三代系師魯，魏武表為鎮南將軍者也，其所謂五千文者，有五千字也。數系師內經，有四千九百九十九字，由來闕一；是作三十輻，應作卅輻，蓋從省易文耳，非為正體矣。宗門真蹟不存，今傳五千文為正本，上下二篇不分章。」（按四千九百九十九字，比五千少一字者，成玄英《開題》云：「只是經中卅輻也，古者三十分為二文，今時卅總為一字，有此離合，故少一文。可與此說參證。）

此即《道德經》系師定本之由來，蓋相傳出于張魯。證之天寶十載鈔本《德經》卷末云：

《道經》卅七章二千一百八十四字，《德經》卅四章二千八百一十五字，五千文上下二弓（即卷字），合八十一章四千九百九十九字。太極左仙公序，係師定，河上真人《章句》。有「係師定」三字，「係」字作「係」，此五千文之《道德經》出於天師道之明證。

考系（係）師一名，最初見于陶弘景《真誥》（卷十七）記夢各條下注云：

又見系師注《老子內解》，皆稱臣生稽首，恐此亦可是系師書耳。

甄鸞《笑道論》引《蜀記》：「陵子衡為係師，衡子魯為嗣師。」（《廣弘明集》卷九觀音侍老條。系師字作係與天寶本同。）《仙鑒》卷十九云：「張陵稱天師，其長子衡為嗣師，衡長子魯為系師。」則字作「系」，而以系師屬于張魯。《雲笈七籤》卷六云：

漢末有天師張道陵精思西山，太上親降；漢安元年五月一日，授以三天正法，命為天師。又授正一科術要道法文。其年七月七日又授《正一盟威妙經》三業六通之訣，重為三天法師正一真人。按《正一經治化品目錄》云：《正目經》九百三十卷，《符圖》七十卷，合千卷；付天師正一百卷，即在其內。後會教重，自當具顯。《道本尊卑經》云：真經要妙，其文無雙；三十六萬四千，正言無數，不離正一，演氣布化，《五千》為宗：真精要妙，三洞為最也。然此法雖復久遠，論其所盛，起自漢朝。天師既昇天後，以此法降於子孫弟子嗣師、系師及諸天人一切內外至信者，修行傳習。屢有傳道之人，今不具載，此文因此行矣。

此于系師又不明指為何人。而次「系師」于「嗣師」之下。宋濂《翰苑別集》卷六《漢天師世家敘》言：「（道陵）授嗣天師衡」，則以嗣師屬張衡。今姑不論系師應屬張衡抑為張魯，然其為天師道則無疑義。是河上公《章句》，在東漢末已有天師道定本也。考天師、系師于《道德經》均有注解，杜光庭《道德真經廣聖義序》舉歷代詮疏箋注六十餘家，其首數家為：

《節解》上下　老子。

《內解》上下　尹喜以內修之旨解注。

《想爾》二卷　三天法師張道陵所注。

河上公《章句》

按《節解》，《經典釋文》云不詳作者，或云老子作，一云河上公作，《隋志》、《兩唐志》均不著撰人。《抱朴子·遐覽篇》有《節解經》一卷，是否即杜氏所言《節解》上下，其詳不能知。又《宋史》有葛玄撰《道德經節解》二卷，恐不可信。《內解》上下，《真誥》十七注言「見系師注《老子內解》」，則張衡或張魯所注。《宋史·藝文志》有《老子道德經內節解》二卷，題尹先生注，或後人假託。若《想爾注》，則敦煌已發現，有六朝寫本，列斯坦因目六八二五號。僅存上卷，始「則民不爭」迄上卷之末，凡五百八十行。如杜說為張道陵注，正可代表天師道之老子學說。最足注意者，即河上公《章句》列于《想爾》之下，今以天寶鈔本卷末之語「太極左仙公序，係師定河上真人《章句》」證之，則河上公《章句》之釐定，其初實出于張魯輩。以上天師道對于《道德經》著述之可考者也。

余于一九五五年撰《索紞寫本道德經殘卷考證》（香港大學《東方文化》第二卷第一期），其中第六節即為此文。是為余注意此問題之開端。其時未接觸敦煌寫卷，又過信葉遐庵丈之說，故以索氏此卷為真。（葉說具載其《矩園題跋》）由今觀之，索卷實多可疑，故前論自無當，宜從刪削，然導余致力于《想爾》卷者，實以索卷為媒介。故附存此一段文字，以志治學之因緣。蘇聯孟列夫教授告知，列寧格勒有索紞就書寫文物，望他日能一見之。

熹平二年張普題字

宋洪适《隸續》卷三錄米巫祭酒張普題字，文云：

熹平二年（一七三）三月一日，天表鬼兵胡九□□仙歷道成玄，施延命道正一，元（其）布於伯氣。定召祭酒張普、萌生、趙廣、王盛、黄長、楊奉等，詣受微經十二卷。祭酒約施天師道法无極才。

此題字凡七行，六十七字，為蜀中早期天師道極重要之史料。有下列數事可以注意：

①可證天師道及「正一」二名在熹平二年以前已流行。

②「歷道成玄」及「施延命道正一」句，將「道」字作人格化，與想爾注同。

③受微經十二卷，知其時天師道有經典行世。

④祭酒一職與《後漢書》注引《典畧》相符。

⑤「天表鬼兵」，即與《劉焉傳》所謂「其來學者初名為鬼卒」吻合。

⑥「布於伯氣」乃指百氣，謂陰氣之魄。

上列⑤、⑥兩事須並申述。蜀中盛行鬼教[一]，下至蜀漢尚然。蜀志記益州耆帥雍闓，「假鬼教以抗張裔。即其一例。伯氣不是霸氣而是魄氣。楚帛書之百氣，實借為魄。《淮南子》云地氣為魄謂陰氣也。」伯氣即百氣，以其尚鬼教，故布于百氣。伯當讀為魄方合[二]。

蜀中天師道的興起，是碑充分說明其歷史背景，極為可珍。當日「祭酒以老子五千文都習」，故有五千文本。嗣後又有「五千文籙」。五千文籙見《隋書．經籍志》。

〔一〕參李遠國：《論山海經中的鬼族——兼及蜀族的起源》（《山海經新探》頁一八五）。
〔二〕拙著《楚帛書》頁一八。

道人補說

新疆出土文書有《北涼真興某年道人往受辭》，自稱：「受素自貧薄，豈可自活？為維那所逼。」（《文物》一九七六年六期）維那地位比道人為高，此處道人仍指僧人。鳩摩羅什被呼為道士。《晉書．呂纂載記》云：「道士句摩羅耆婆言之纂，耆婆即羅什之別名也。」按句摩羅梵云 kumara，漢言童，耆婆梵云 jiva，漢言壽，此指什公無疑，而稱為道士。回鶻文書中 toyin 義為僧人，實即道人之對音（見《摩尼教寺院文書初探》，《考古學報》一九七八，四）本書箋證（四）論晉六朝每稱沙門為道人，舉證未充，故補記如上。

有關大道家令戒之通訊

《大道家令戒》一文之寫成年代，楊蓮生兄初著論兼采曹魏、元魏一義，依違其間，嗣在與余通訊中，似以為所論未安。信中引用一九五七年四月二十日胡適之先生討論之語，深具卓見。是函向未發表。茲竝余之覆札，附載于末，以供參考。

楊蓮生來書

選堂我兄史席：

弟自入春以來，頗為二豎所苦，近數週方漸恢復。月前存仁兄曾轉示年初大札，云「此得大淵忍爾寄來論文稿，定《想爾注》為天師道系師作品，與拙見多合，惟認為《大道家令戒》即魏時張氏教令，與蓮生兄說異，未知楊先生及尊見若何，便乞一詢，並代問候」，盛意至感！弟初以病後尚覺身心交瘁，未即作答，殊覺抱歉。按弟在拙稿《老君音誦戒經校釋》文中，介紹《正一法文天師教戒科經》，雖多持存疑之論，亦承認其中包括早期資料；「以汝付魏」兼用「曹魏」「元魏」兩義，亦自覺近乎牽彊，當時胡適之先生讀後，即有長函（一九五七年四月二十日）討論：大旨云「我頗疑這文件是很可信賴的，其時代是曹魏，與寇謙之的時期，毫無關係。……我看這文件可能是張魯死後他的嗣子張富的教戒或遺囑……大和五年（二三一）可能是張魯死的一年。『父死子係，弟亡兄榮，沐浴聖恩』似是張氏一門的史實，弟亡兄榮，是不尋常的事，必是張魯少子（七子之一）為後，而後來嗣爵的張富則為其兄。（以下引史）你指出『《想爾》……《妙真》……』等經，又指出此文件下文又說『《妙真》自吾所作』，很可注意的是，此件中並不說《想爾》是誰所作，我頗傾向于《想爾》是係師張魯所作之說。很可能的是這位生當曹魏太和正元之間又自稱曾作《妙真經》，又自誓『從今吾遊此，以汝付魏，清政道治』的『吾』，正是那張魯的學生，嗣位張富，是天師的第四代。」

弟于廿三日覆胡先生即承認《大道家令戒》一段「確似二五五時的教主（家令？）的方語」，廿四日又補說「家令之令，大約是教令之意」，但認「弟亡兄榮」，亦可能指張魯及世弟衛（張魯另有一弟為劉璋部下所殺），又以為「《妙真》自吾所作，恐伯還應解釋為老子口氣，實際上當然是天師，或他人僞託的」（今補按，即所謂降神扶乩之類，其他宗教多有類似之事）。

依此胡先生當年所見，與大淵氏今日持論，應甚接近。而弟亦早承認此中有三世紀資料。近又與存仁兄重論，存仁兄認為「《大道家令戒》——愚頗相信，此一節文字，句法樸茂，敍事沉痛，頗似張魯子弟或後人與張氏之天師道有深切關係者之所為，其中頁十三a—b之文字排不順，疑有錯簡，此令戒之令，當即律令之令……《陽平治》部分最無問題，文字與《令戒》相仿，事亦相成」（此意弟甚贊同，因其他部分，似乎當有問題）。存仁兄又云「撰此《令戒》之旨，實在為當時之曹氏政權向其舊屬宣說……或此如前引《玄都律文》所言，此發號施令之天師，本駐洛陽靖，而于此時託以神意，又西遷蜀，實乃奉當時朝廷之命，宣化撫綏本為其舊疆之西川，亦有可能」，聯陞認為此點無可玩味（大淵文弟等均尚未見）。

大淵氏研究道藏頗能深入，關係承其先人遺業，則與福井父子之家學，可以比美。弟于一九六二春在巴黎晤福井文雅，少年英俊，能通英法文，是年又在京都見其父康順先生，且曾與木村英一、平岡武夫四人合影（特別尋一照相館，是福井先生提議）留念。我兄如能將大淵新著撮譯要旨（能複製原作一份賜寄更佳）並附我兄高見同寄弟處，弟當匯集文字議論，試撰《與師友論正一……經》一文，交黃彰健兄轉《大陸雜誌》刊登。此信副本即寄石湘兄一閱，亦盼能參加討論也。匆請教安

弟聯陞敬上一九六九、五、十六

覆楊蓮生書

拙見《正一經》與《大道家令戒》應為兩不同時期之作。《正一經》前部提及「楊公八十」，此可為考證之關鍵。

《大道戒》中言及「西入胡，授以道法」，考化胡事最早資料見襄楷上疏及馬融《樗蒲賦》，東漢之季，其事已為人所熟悉。

「道以漢安元年」以下最可靠。大淵氏及胡先生皆從史實勘對，此《家令戒》文兩家

說多吻合，胡先生指出張富以說「兄榮」二字，大淵氏上引《魏志》魯嗣子富解之，均值得珍現。張魯為鎮國將軍，建安二十一年亡，《家令戒》中稱「義國殞顛」應指建安之末，後言「魏氏承天驅除」，此魏為曹魏自無疑義，其言「自今正元二年正月七日」，即高貴鄉公之二載（二五五），證以他語「道使末嗣分氣治民漢中四十餘年」，由曹髦上溯四十餘年，適為建安之際。魯以建安二十年舉漢中降曹操，在此以前，魯正據漢中以鬼道教民，自號師君之時。

胡先生言「吾」係張富自稱，又其不提《想爾》為其所作，則《想爾》當為出其先代之手，非張魯，即張陵。秉其言，「《妙真》自吾所作，《黃庭》、《三靈》七言皆訓諭。」是《三靈》七言與《妙真》非同一作者，《正一經》中所收之《天師教》，起句云「今故下教作七言，謝諸祭酒男女民。天地混籍氣如烟。四時五行轉相因。天地合會無大民。」（下略）此一首純為七言，每句協韻。正如所謂柏梁體。七言為東漢末之新詩體，見傅玄《擬張衡〈四愁詩〉序》，此詩可能為張魯輩作品，為極重要文獻，可補後漢詩篇之缺，為後來敦煌本《老子化胡經》卷十玄歌中《老君十六變詞》十八首一類七言詩體之所自出（二〇〇四頁）。《陽平治》一篇乃極可信資料，余頗同意柳先生見解，惟其中有「老君太上周行八極……」名詞與《想爾注》「聚形為太上老君，常治昆侖」相應，如是「太上老君」一名，東漢末已出見矣。實物上可見者有南齊永明帝劉覬賣地券（《文物》一九六五之六，頁二十），至《天師五言牽三詩》，是否同一時期作品，則疑不敢決。近因福井康順先生七十頌壽徵文，又有三論《想爾》之作，亦有一二新資料，該文不久刊布，仍乞先生與世驤先生同訂正之。此函另錄一通與世驤兄。日來因徙居移器，稽覆為罪，匆匆奉陳，不一一。

一九六九年六月二日

《御覽》六六八《道部．養生》引《妙真經》云：「道人謀生，不謀于名，胸中絕白，意無所傾。志若流水，居若宣城，積守無為，乃能長生。」此皆四字為句亦復用韻。考其文體，于曹魏為近，不似北魏。《妙真經》亦見《无上祕要》第一百引用之。

……以上與楊聯陞兄往復兩函，事在一九六九年六月，去今已二十二年矣。追憶前塵，恍同隔世。去歲六月初，余至波士頓，訪楊兄于其私邸，彼已不能站立，口不能言，吱吱如小兒學語。余廒念之深。不意數月，遂捐館舍，今重省遺翰，能不泫然！而世驤兄亦墓木久拱。記一九五七年，彼初刊其《想爾老子道經敦煌殘卷論證》于《清華學報》（新第一卷第二期），卷前識語稱：「拙作想爾校箋為著者贈適之師本也。」彼蓋從適之先生處得觀拙作，自此遂獲訂交，切磋不懈。胡先生對想爾問題向無專著，僅是于楊兄通訊，張富一說，尤為可珍。值此書重印，眷念舊遊，不勝腹痛之戚。

一九九一年一月，饒宗頤校竟並記

本局出版饒宗頤學術作品書目

殷代貞卜人物通考（上、下）

老子想爾注校證

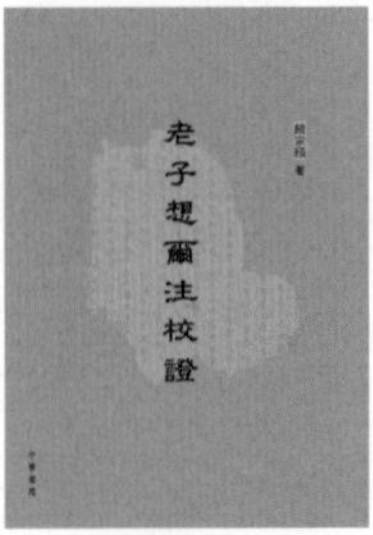

選堂集林・史林新編（上、下）

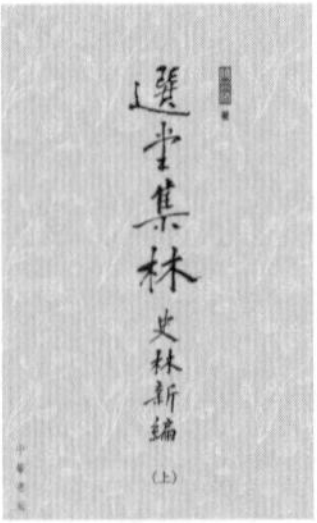

選堂集林・敦煌學（待出版）

選堂集林・文學（待出版）